# 3초
# 직감력

人生が変わる!「直感」の磨き方 (ワタナベ 薫/著)

JINSEI GA KAWARU!「CHOKKAN」NO MIGAKIKATA

Copyright ⓒ 2019 by KAORU WATANABE

Original Japanese edition published by Gentosha, Inc., Tokyo, Japan

Korean edition is published by arrangement with Gentosha, Inc.

Through Japan Creative Agency Inc., Tokyo and BC Agency, Seoul

\* \* \*

순식간에 행운을 붙잡는 감 좋은 사람들의 3초 전략

# 3초 직감력

와타나베 가오루 지음
김해용 옮김

📖 동양북스

꿈을 이룬 사람, 성공한 사람,
인생을 거침없이 살아가는 사람의 공통점은
직감에 따라 즉시 행동한다는 것이다.

– 본문 중에서

# 차례

**Chapter 1**
## "3초면 충분하다!"
### 직감은 미래의 나에게 보내는 메시지

## Chapter 2
# "망설이는 순간, 기회는 달아난다!"
### 인생의 빅 찬스를 아깝게 놓치는 8가지 이유

## Chapter 3

## "촉이 좋은 사람은 뭐가 다를까?"
### 날카로운 촉을 만드는 11가지 습관

**Chapter 4**

**"좋아, 싫어? 그것이 문제로다"**
후회 없는 선택으로 이끄는 직감 활용법

## Chapter 5 "먼저 행동하는 사람이 이긴다!"
### 하루 5분 직감력 트레이닝

# 직감은 나에게
# 가장 필요한 답을 알고 있다

저는 회사 두 곳을 경영하고 있습니다. 한 곳은 자기계발 교육 서비스 회사이며, 한 곳은 여성을 위한 좋은 제품을 판매하는 회사입니다. 또한 저는 멘탈 코치로도 활동하고 있습니다. 면담과 세미나를 통해 수많은 고객들과 직감을 잘 활용하는 법에 대해 이야기하며, 고객들과 나눈 내용은 10년이 넘는 세월 동안 블로그와 책, 저희 회사의 온라인 살롱에 올려 공유하고 있습니다.

어린 시절 저는 사는 게 너무 힘들고 가난했습니다. 매일 가계부와 씨름하며 아주 적은 돈에도 울고 웃었죠. 하지만 제 직감을 제대로 이해하고 활용하는 법을 배운 후부터 조금씩 제가 원하는 쪽으로 나아갈 수 있었습니다. 그리고 현재 저는 제가 원하던 라이프스타일을 실현하고 있고, 회사 운영과 코치 활동도 순조롭게 이어가고 있습니다. 직감의 소리를 듣고 그것을 감지하여 행동할 수 있었기 때문이죠. 그렇다고 전혀 문제가 없었던 것은 아닙니다. 하지만 문제가 생겼을 때 그것들을 하나씩 극복해갈 수 있었습니다. 직감을 믿고 활용해가며 얻은 저만의 힘이 있었기 때문이죠.

정보가 차고 넘쳐날수록 우리는 무엇을 선택해야 할지 판단하기 힘듭니다. 그래서 고민하는 시간은 자꾸만 길어집니다. 이때 각자의 내면에 있는 감각인 '직감'은 뭔가를 선택할 때 중요한 판단 재료가 됩니다. 직감은 당신의 미래를 상상 이상으로 크게 열어줍니다. 왜냐하면 직감은 당신이 지금까지 축적해온 경험과 지식으로부터 순식간에 도출해낸 당신만의 맞춤형 답이기 때문이죠.

직감력을 잘 연마할수록 당신의 인생은 행복해질 것입니다. 만약 고비가 찾아오더라도 차곡차곡 쌓아놓은 지혜를 발판 삼아 반드시 원하는 인생을 살아갈 수 있을 것입니다.

"직감은 인생에 어떤 영향을 끼칠까요?"
"어떻게 하면 직감을 단련할 수 있을까요?"
"직감을 따랐지만 결과가 좋지 않을 경우에는 어떻게 해야 할까요?"

지금부터 직감에 관한 다양한 궁금증을 풀어가며 직감을 단련하는 법과 활용하는 법을 알려드리도록 하겠습니다.

## Chapter 1

# "3초면 충분하다!"

### 직감은 미래의 나에게
### 보내는 메시지

## 설명할 수 없지만 분명한 기운, 직감

"저 사람 왠지 나랑 안 맞을 것 같아."

어떤 사람을 만났을 때 혹은 면접을 보러 사무실에 처음 방문했을 때 왠지 모르게 '쎄하다'고 느껴본 적 있으신가요? 처음 보는 사람인데 왠지 모르게 나랑 잘 맞을 것 같다고 느껴본 적 있으신가요? 이 느낌이 바로 잠재의식의 메시지, 즉 직감입니다. 잠재의식의 깊은 밑바닥에서 솟아오르지만 언어화되지 못한 것입니다. 이를테면 '왠지 모르겠지만, ……인 것 같아!' 하는 확신에 찬 느낌입니다. 확신하지만 근거를 제시할 수는 없습니다. 누군가가 '어떻게 알아?' 하고 물어봐도 '그냥 알 수 있어'라고 답할 수밖에 없고, 논리적으로 설명하기는 불가능하지만 자신의 내부에 튀어나오는 답입니다.


## 왠지 모르게 쎄한데, 기분 탓일까?

'왠지 모르게'라는 느낌은 잠재의식이 당신에게 전하는 최고의 충고입니다. 하지만 당신이 이 느낌에 확신을 가지고 있다 해도, 주변 사람들은 기분 탓이라고 말할지도 모릅니다. 맞습니다. 그것은 '기분' 탓입니다. 그렇습니다. '기운' 탓. 당신은 직감적으로, 무의식적으로 그 '기운'을 감지하는 것입니다. 사람, 장소, 앞으로 일어날 어떤 상황에 대한 '기운'을 말이죠.

'기운(파동이나 주파수)'은 무의식으로 감지하는 것입니다. 자신에게 맞는 환경인지, 자신과 파장이 맞는 사람인지 안 맞는 사람인지 정확히 피부로 감지하는 것이죠. 인간은 자주 무의식적으로 편한 쪽을 선택해버리고 깊이 생각하는 것을 귀찮아합니다. 그렇기 때문에 '이렇게 하라', '저렇게 하라', '이게 정답이야', '그건 틀렸어'라는 식으로 답과 행동이 정해져 있는 경우나 양자택일하는 상황에 더 마음이 편해집니다. 직감이 발휘되지 못하는 이유는 그런 선택을 하는 데 익숙해져 있기 때문입니다. 그러므로 다른 사람이 아니라 자신의 마음에게 답을 묻는 습관을 들이는 것이 바로 직감을 키우는 법입니다.


## 모든 경험은 데이터가 된다

사람들은 흔히 '머리로는 알겠는데⋯⋯'라고 말합니다. 머리 즉 현재의식이 말하는 답과 잠재의식의 답이 달라서 행동으로 옮겨지지 않는다는 뜻입니다. 사람들은 '해야 할 이유' 또는 '하지 않아야 할 이유'를 설명할 수 없기 때문에 쉽게 직감을 무시합니다. 현재의식과 잠재의식이 보내는 메시지를 제대로 구분하지 못할 땐, 직감을 따랐을 때 그리 좋지 않은 결과를 맞을 수도 있습니다.

하지만 직감을 따랐을 때 실패했다 해도 그 경험은 쓸모 있는 데이터로 쌓입니다. 모든 시도는 시행착오입니다. 당시에는 완벽히 실패처럼 보여도 나중에 돌이켜보면 반드시 필요한 경험이었거나 성공을 위한 힌트가 되기도 합니다. 이 방법이 잘못되었다는 것을 알게 되는 귀중한 경험이므로 '실패'라고는 부를 수 없습니다.

그러므로 직감을 포착했다면 두려워하지 말고 행동으로 옮기는 훈련이 필요합니다. 수없이 실패해도 상관없습니다. 실패한 데이터를 통해 자신만의 경향을 알고, 성공 데이터를 쌓아가는 겁니다. 사람들은 젊어서 많이 실패하는 것이 좋다고 말하지만 나이가 든 다음 실패하는 것도 괜찮습니다. 아무것도 하지 않는 인생보다는 도전해서 실패하고 그를 통해 배워가는 인생이 훨씬 더 좋으니까요.

그렇다면 이제 조금 더 잠재의식과 현재의식에 대해 면밀히 살펴보도록 합시다.

# 3 우리의 행동은 무의식이 지배한다

직감과 잠재의식은 떼려야 뗄 수 없는 관계입니다. 잠재의식은 인간의 무의식이며 본인이 자각하지 못하더라도 행동이나 사고방식에 영향을 줍니다. 무의식이 인간의 행동을 결정하는 비율은 무려 95%에서 97% 정도입니다. 인간은 무의식의 지배를 받아 의사결정과 행동을 한다고 볼 수 있는 것이죠.

처음으로 무의식에 대해 주장한 것은 정신분석학자 지크문트 프로이트Sigmund Freud입니다. 훗날 그의 제자인 카를 구스타프 융Carl Gustav Jung이 다시 가설을 세우고 연구하여, 지금의 자기계발이라는 형태로 인정받게 되었습니다.

하지만 잠재의식과 달리 인간이 스스로 의식하는 영역이 있습니다. 바로 현재의식입니다. 현재의식은 좌뇌와 비슷한 역할을 합니다. 계획하고, 미래를 예측하거나 위험 요소를 계산하는 등 논리적 사고를 하는 영역입니다. 이처럼 현재의식으로 본인이 행동을 결정하는 비율은 고작 3%에서 5% 정도라고 합니다.

## 현재의식과 잠재의식의 피라미드

매우 큰 피라미드를 상상해보세요. 피라미드의 흙 속에 묻혀 있는 부분은 잠재의식, 지상으로 얼굴을 내밀고 있는 부분은 현재의식입니다. 현재의식은 지상으로 얼굴을 내밀고 있는 피라미드의 꼭대기, 3% 정도라고 생각하면 이해하기 쉬울 것입니다. 흙 속에 묻혀 있는 부분 중에서도 위쪽에는 당신의 습관이나 버릇 같은 것이 있습니다. 이것 역시 잠재의식의 일부입니다.

그리고 좀 더 밑으로 가면 당신이 만든 셀프 이미지(자기 인지)와 다양한 경험과 지식, 기억하지 못하지만 이미 의식 속에 새겨진 지혜 등이 있습니다.

더 밑으로 가면 현재 또는 과거에 만난 모든 사람들의 경험과 지식, 지혜, 노하우 등이 연결된 '집단 무의식'이라고 부르는 곳에 도달합니다. 이는 우연의 일치나 싱크로니시티synchronicity, 즉 공시성共時性과 관계 있는 부분이기도 합니다. 이들은 모두 예지 능력의 원천이라고 할 수 있습니다.

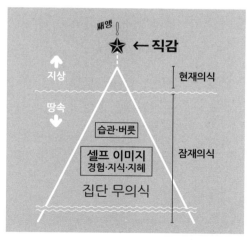

**현재의식·잠재의식 피라미드**

## 가장 적절하고 효과적인 답

　직감은 사전적 정의로는 '추리와 고찰 등에 의한 것이 아니라, 감각으로 모든 현상을 포착하는 것'입니다. 즉, 생각을 먼저 하고 의사 결정을 하는 것이 아니라 감각으로, 무의식적으로 의사 결정을 하는 것입니다. 방금 전에 설명한 커다란 의식의 피라미드 속에서 가장 적절하고 효과적인 답, 당신에게 최선의 답이 '쌔앵' 하고 날아와 결정되는 그런 느낌입니다.

　직감은 갑자기 쏟아지는 소나기 같은 것입니다. 누구나 플래시처럼 번쩍 하고 아이디어가 갑자기 떠올랐던 경험이 있을 것입니다. 왠지 가슴이 이끌리는 대로 결정해야 할 것 같은 순간들 모두 '직감'이 작용한 것입니다. 아직은 의심스러울지 모르지만 잠재의식이라는 거대한 정보원에서 '쌔앵' 하고 날아온 것이 바로 당신에게 최선의 답입니다.

# 3 생각지도 못한 아이디어는 어디서 오는 걸까?

잠재의식과 직감 그리고 잠재의식의 기저에 있는 집단 무의식에 대해 조금 더 자세히 살펴봅시다. 직감은 자신이 가지고 있는 정보량에 좌우됩니다. 하지만 생각지도 못한, 듣도 보도 못한, 내가 가지고 있는 정보를 초월하는 멋진 아이디어가 찾아오는 경우가 있습니다. 이것이야말로 '집단 무의식'으로부터 오는 것이라고 저는 믿습니다.

대부분 기억이 뇌에 보관되어 있다고 생각하지만, 그중에는 인류의 모든 기억이 보관되는 곳이 바로 집단 무의식일 것이라는 가설을 세우고 연구하는 사람도 있습니다. 만약 이 가설이 사실이라면, 생각지도 못했던 아이디어가 샘솟고, 듣도 보도 못한 장면이 떠올라 의아할 때 납득할 만한 근거가 되겠죠.


## 집단 무의식과 트랜스 상태

집단 무의식은 스위스의 정신과 의사, 카를 구스타프 융이 주장한 분석심리학 개념입니다. 의식에는 세 가지가 있는데 앞서 설명한 대로 ① 현재의식(머리로 알고 있는 의식), 그 아래에 ② 잠재의식(무의식), 그리고 마지막으로 ③ 잠재의식에 포함된 집단 무의식이 있습니다. 집단 무의식은 인류 전체가 공동으로 가지고 있는 무의식입니다. 그의 이론에 따르면 전 세계 사람은 공통된 무의식으로 서로 연결되어 있다고 볼 수 있습니다.

저는 가끔 정말 신기한 경험을 합니다. 코칭coaching, 스스로 생각하고 행동하는 능력을 전문가와 함께 대화 속에서 이끌어내는 자기 개선 기술-옮긴이 모임을 할 때 저는 정신적인 멘토나 조언자 입장일 때가 많습니다. 종종 그들은 제가 잘 모르거나 이전까지 생각해보지 않았던 것에 대해 질문합니다. 하지만 저는 그런 질문에도 술술 대답하며 그들에게 필요한 정보를 제공하는 경우가 많았습니다. 그럴 때마다 저는 집단 무의식의 도움을 받고 있는 것이라 생각했습니다.

'플로flow 상태'와 '트랜스trance 상태'일 때 이러한 집단 무의식이 불쑥 튀어나오기 좋습니다. '플로 상태'라는 것은 완전히 어느 일에 집중한 상태, 푹 빠져 있는 상태를 가리킵니다. 주변에서 무얼 하든 신경 쓰지 않고 일에 몰입해본 적이 있을 겁니다. 이때 우리의 상태는 입력되는 것들이 몸에 가장 잘 흡수되며, 잠재의식으로부터 소중한 것을 배우기에 최적의 조건을 갖추게 됩니다. 집단 무의식에서 오는 정보도 불쑥 튀어나올지 모릅니다.

그리고 '트랜스 상태'란 간단히 말해 매우 집중해 있거나 또는 졸음이 와 꾸벅꾸벅 조는 상태, 즉 의식이 몽롱한 상태입니다. 뇌파가 알파파alph波, 주파수가 8~13Hz인 뇌파로 심신이 모두 긴장이 이완된 상태에서 세타파theta波, 주파수가 4~7Hz인 뇌

파로 수면에 들어갈 때나 얕은 수면 상태일 때 등, 어떤 번뜩임 같은 게 나타나기 쉬운 상태

로 변할 때 가장 일어나기 쉽다고 합니다.


## 모든 선택과 결정은 3초 안에 끝난다

자신만의 인생을 훌륭하게 개척하는 사람들의 공통점은 빠르게 결단하고 곧바로 행동한다는 것입니다. 그들은 집단 무의식을 통해 최고의 선택과 결단을 내릴 수 있습니다. 게다가 그 결단까지 이르는 시간은 초 단위로 이루어집니다. 3초 안에 직감하고 선택하고 결단까지 내리는 것이 가능한 이유는 바로 무의식이 알아서 답을 찾아주기 때문입니다.

당신에게도 다음과 같은 경험이 있을 것입니다. 친구에게 연락하려는데 친구가 먼저 당신에게 연락을 했다거나, '오랜만에 키위가 먹고 싶다'고 생각한 그날 밤 가족이 사왔다거나, 자신이 좋아하는 뮤지션을 친구도 함께 좋아하고 있다거나 하는 일들 말이죠. 이런 일은 일상생활 속에서 당연한 일처럼 일어납니다.

3초 직감력

물론 이러한 모든 일을 우연이라고 생각할 수도 있습니다. 하지만 이런 경험들을 집단 무의식으로 해석하고 삶에서 이용해본다면 어떨까요? 잠재의식의 힘에 대해 조금씩 더 알아보도록 합시다.

# 3 3초 만에 파악한 첫인상이 정확한 이유

'첫인상'은 왜 적중하는 경우가 많을까요? 직감은 처음 만난 사람에게도 작동합니다. 사람에게는 처음 만난 순간 무의식적으로 상대방의 정보를 파악하는 능력이 있습니다. 처음 보는데도 꽤 많은 정보를 상대에게 얻어내고, 거꾸로 자신도 상대방에게 자신의 정보를 표정과 몸짓 등 비언어적인 표현으로 전달합니다.

　사람들은 3미터 앞에서부터 첫인상을 파악하기 시작해 단 3초 만에 판단을 내린다고 합니다. 처음 상대방을 봤을 때의 느낌과 처음 나눈 몇 마디 말로 상대방이 자신과 잘 맞는 사람인지, 좋은 사람인지 나쁜 사람인지, 자연스럽게 무의식적으로 판단합니다.

## 첫인상을 판단하는 요소

첫인상은 시각적 정보로 결정되는 경우가 많습니다. 입고 있는 옷이나 헤어스타일, 표정 등을 통해서 말이죠. 당신이 바라보는 상대의 모습과 지금까지 얻은 정보를 그간 당신이 축적한 다양한 경험으로 판단하여 상대방이 어떤 사람인지 직감을 발동시키는 것입니다.

그러므로 외적인 모습을 가볍게 생각하면 안 된다는 게 어떤 의미인지 알 수 있습니다. 첫인상보다 더 좋은 판단 정보는 없습니다. 외적인 모습은 당신의 내면을 처음 드러내는 부분이고, 형태는 없더라도 명함과 같은 역할을 합니다.

어른뿐 아니라 갓난아이나 어린아이조차 겉모습의 정보로 판단합니다. 한 흥미로운 실험에서 갓난아이나 어린아이는 아름다움에 대해 부모에게 배우지 않아도 이미 아름다운 것에 빠져드는 경향이 있다는 사실이 밝혀졌습니다.

심리학자인 주디스 랑글루아Judith Langlois는 인물 사진 몇 백 장을 준비하여, 먼저 어른들에게 사진 속 인물의 매력을 평가하게 했습니다. 그런 다음 생후 3개월 된 갓난아이들에게도 인물 사진을 보여주었습니다. 그러자 갓난아이들도 어른들이 매력적이라고 평가한 얼굴을 오랫동안 바라보았다고 합니다. 그리고 특히 얼굴이 좌우비대칭인 사람보다 좌우대칭인 사람을, 표면이 거친 것보다 매끄러운 것을 더 오랫동안 바라보았다고 합니다. 이 실험 결과는 사람은 누군가에게 배우지 않아도 표면적인 정보로 첫인상을 판단한다는 것을 잘 보여줍니다.

그리고 또 하나 말씀드릴 수 있는 것은 인간의 내면이 외모로 드러난다는 점입니다. 잘생겼는지, 못생겼는지의 문제와는 다릅니다. 어떤 사람의 외모를 보고 저 사람을 좋아할 수 없다거나 대화도 별로 안 했는데 왠지 싫다, 수상쩍다, 쎄하다 등 구체적인 언어로 표현하기 힘든 느낌이 든다면 이것은 그 내면을 직감으로 알아챘기 때문입니다.

## ⟨ 외모로 첫인상을 판단하는 게 잘못된 걸가?

어떤 분은 저에게 이런 사연을 보냈습니다.

"저는 회사에서 교육을 받거나 주의를 받을 때, 상대방이 머리가 푸석푸석하거나 옷이 지저분하면 '왜 저렇게 자기 관리도 안 하는 사람에게 이런 말을 들어야 하지?'라고 속으로 생각합니다. 하지만 똑같은 말을 청결한 사람에게 들으면 '고맙습니다. 조심할게요' 하고 솔직히 말합니다. 왠지 이렇게 생각하는 제가 문제가 있는 것 같습니다."

과연 이분이 이러한 죄책감을 가지는 것이 당연할까요? 사람은 심리적으로 그리고 무의식적으로 몸가짐이 단정한 사람에게 더 신뢰감을 느낍니다. 이분의 죄책감은 옛날부터 전해오는 '외모로 사람을 판단해서는 안 된다'는 도덕 관념이 머릿속에 있었기 때문인지도 모릅니다. 하지만 사람들은 자신도 의식하지 못한 마음의 움직임에 의해 겉모습으로 상대를 판단하는 경향이 강합니다.

미국의 심리학자 빅맨Leonardo Vickman은 굉장히 흥미로운 실험을 했습니다. 다른 것은 똑같은 조건인데 상대방이 단정한 옷차림일 때와 흐트러진 옷차림일 때 사람의 태도가 어떻게 달라지는지를 확인하는 실험이었습니다. 실험은 공중전화 박스에서 진행되었습니다. 공중전화 박스에서 잘 보이는 곳에 10센트짜리 동전을 놓고, 밖에서 몰래 지켜보다가 전화를 걸려고 온 사람에게 "여기 10센트짜리 동전이 있지 않았나요?" 하고 질문합니다. 단정한 옷차림을 한 사람이 물었을 경우, 대략 80퍼센트 정도의 사람이 놓여 있던 동전을 건네줬습니다. 하지만 흐트러진 옷차림을 한 사람이 물었을 때는 30퍼센트 정도만이 동전을 돌려줬다는 결과가 나왔습니다. 같은 질문을 던져도 인간은 몸가짐이 단정한 사람의 말을 더 믿는 경향이 있다는 것입니다. 이 실험은 무엇을 의미하는 걸까요?

## 유니폼을 입으면 다른 사람 같다고?

'유니폼 효과'라는 심리학 용어가 있습니다. 이 효과는 유니폼을 입은 사람도 유니폼 때문에 심리나 행동이 달라지고, 유니폼을 입은 사람을 대하는 이도 태도를 바꾸는 현상을 말합니다. 그러므로 사람을 외모로 판단한다 해도 죄책감을 느낄 필요는 없습니다. 내면은 겉모습으로 나타날 수밖에 없으며, 인간은 본능적으로 깔끔한 것을 좋아하니까요.

여기에서 중요한 것은 당신이 첫인상으로 그 사람을 판단할 때, 그 판단의 적중률이 매우 높다는 것입니다. 몸가짐이 단정치 않은 사람, 불결한 사람, 가방이나 지갑 속이 너저분한 사람……. 이런 사람은 자신뿐만 아니라 다른 사람을 대할 때도 그렇게 행동할 확률이 높습니다. 사람들은 그것을 무의식적으로 파악하여 자신도 그런 취급을 당할지도 모른다고 직감하는 것입니다.

그와 반대로 청결한 분위기에, 옷차림도 깔끔하면서 단정하고, 공손하게 행동하는 사람을 보면 사람들은 자신도 그렇게 취급받을 것이라고 무의식적으로 생각합니다. 겉모습이 그만큼 첫인상을 판단하는 데 중요한 지점을 차지하는 것입니다.

하지만 첫인상이 실제 모습과 다르거나 계속 만날수록 자신의 판단이 틀렸다고 생각되는 경우도 종종 있습니다. 특히 상대방을 통해 얻을 수 있는 손익을 따졌을 때입니다. 자신에게 지금 당장 이득이 되는 사람일 경우 직감이 둔해져, 위험 신호를 무시하고 좌뇌로 상황을 판단하게 됩니다. 그렇게 되면 사람들은 주로 이득을 볼 수 있는 쪽을 선택합니다.

만약 첫인상이 좋아 만나기 시작한 사람과 결국 좋지 않게 헤어졌다면 그 직감은 틀렸던 걸까요? 직감이 틀렸던 것이 아니라 시간이 흐르면서 서로 변화하는 과정에서 둘 중 누군가가 더 많이 변했을 뿐입니다. 그러므로 그때 그 직감이 틀렸다고 단언할 수는 없습니다.

## 우연의 일치가 아니라
## 운명일지도 몰라

싱크로니시티Synchronicity라는 것을 아시나요? 싱크로니시티란 '의미 있는 우연의 일치'를 말합니다. 앞장에서도 설명한 잠재의식에서 보내는 메시지이기도 합니다. 우리는 고민을 하다가도 순간적으로 강력한 답을 얻습니다. 꼭 답이 아니더라도, 답처럼 보이는 것들이 눈에 띄거나 계속 주변에 맴도는 것을 보게 되는 경우가 있습니다.

많은 사람이 이를 단순한 우연이라고 여기며 아무 반응도 하지 않고 그냥 넘어갑니다. 하지만 메시지를 확실히 얻기 위해 안테나를 세우고 있으면, 이 모든 것이 단순한 우연의 일치가 아니라는 것을 알 수 있습니다. 운명적인 순간을 감지하기 위해서는 중요한 메시지를 간파하는 훈련을 반복하는 것이 필요합니다.

## 필요한 정보를 저절로 수집하는 법

당신이 좋은 결정을 내리기 위해 필요한 정보는 갑자기 불현듯 나타납니다. 보고 있던 책의 한 구절일 수도 있고, 친구가 우연히 한 말일 수도, 아침에 읽은 기사의 헤드라인이거나 영화나 드라마에서 자연스럽게 들은 대사일 수도 있습니다. 다양한 곳에서 다양한 형태로 나타납니다. 당신이 잠재의식 속에서 고민에 대한 답을 원하고 있으면 뇌 속의 안테나가 작동해 필요한 메시지를 포착한 후 당신의 눈이나 귀로 보내줍니다.

들어온 정보에 귀가 쫑긋하면 직감이고, 그게 두 번 겹치면 '어라? 역시 그런가?' 하고 생각할 테고, 세 번 겹치면 아무리 둔감한 사람이라도 그게 정답으로 연결되는 정보라는 걸 알게 될 것입니다. 이것이 바로 강력한 싱크로니시티입니다. 유사한 정보를 몇 번씩 들었다면 그 의미에 대해 생각해보세요.

## 자꾸 결정을 바꾸고 싶다면

가끔씩 이런 경우도 있습니다. 어떤 일을 할지 말지 망설이는데 잠재의식에서는 'GO'라는 사인을 보냈지만, 어디선가 이 일을 절대 해서는 안 되는 이유를 말하는 목소리가 들려오는 거죠. 이때 후자는 현재의식으로 생각하는 것입니다. 가장 처음에는 'GO'라는 사인을 받았는데 시간이 지나면서 'STOP'이라는 사인이 따라온다면 두려움이라는 브레이크가 작동하는 것입니다.

당신을 'STOP'하게 만드는 핑곗거리는 잠재의식이나 직감이 아니라 현재의식에서 나옵니다. 자꾸만 브레이크가 걸리는 것은 손익을 계산하기 때문입니다. 새로운 세계로 가기 위해서는 용기가 필요합니다. 머뭇거리는 동안 두려움이 커지다 보면 결국 그것을 선택하지 못하는 경우도 있습니다.

'GO' 사인이 몇 번씩이나, 다양한 방식으로 당신에게 말을 걸어온다면 그것은 평소보다 강한 메시지입니다. 절대 그냥 보내지 마세요. 싱크로니시티의 메시지로 인생이 크게 변하는 경우도 있기 때문에 우연으로 치부하지 말고, 놓치지 않도록 안테나를 반드시 세워두세요.

# 3 직감이 이끄는 행동 VS 이기심이 이끄는 행동

'마음이 하는 소리를 소중히 생각하라'는 말, 자기계발서나 강연회에서 굉장히 많이 나오는 이야기죠. 지겨울 수도 있지만 정말 중요한 메시지이기 때문에 계속 강조하는 것입니다. 하지만 반드시 조심해야 할 것이 있습니다.

사람들은 대부분 '마음의 소리'가 직감이나 잠재의식에서 나온다고 믿습니다. 그러나 이기적인 욕망에서 나오는 경우도 있습니다. 주변 사람들에게 끼칠 영향은 전혀 고려하지 않고 오로지 감정대로 충동적으로 행동하는 경우죠. 이러한 행동은 주변 사람뿐 아니라 자신에게도 나쁜 영향을 끼칩니다.

## 직감과 이기심을 구분하는 법

감정 자체는 나쁜 것이 아닙니다. 하지만 질투, 분노, 증오 같은 감정을 품고 있으면 잘못된 결정이나 행동을 하기 쉽습니다. 따라서 감정에 휩쓸려 결정하고 행동하지 않도록 반드시 이성도 한 세트로 마련해둘 필요가 있습니다.

사랑, 행복, 설렘, 즐거움 같은 긍정적인 감정이 기반이 되면 솔직하게 그 감정을 따라도 괜찮습니다. 하지만 이 또한 주변을 고려하지 않거나 충동적이거나 부정적인 감정이 섞여 있다면 그 결정으로 위험해질 수 있습니다.

특히 요즘에는 '내가 좋아하는 것만 할 거야', '하고 싶은 건 아무도 신경 쓰지 않고 다른 사람이 불편해해도 할 거야'라고 생각하는 사람들이 점점 늘어나고 있습니다. 나를 좋은 쪽으로 이끄는 마음의 결정과 이기적인 결정을 구분하는 방법은 아주 간단합니다. '주변 상황은 생각하지 않는다', '자기 자신만 생각한다', '행동하고 난 뒤 일어날 일들에 대해서는 생각하지 않는다'면 이기적인 것입니다.

자신이 하고 싶은 일을 하기 위해 다른 사람을 희생시키거나 슬프게 만들어서는 안 됩니다. 귀 기울여야 할 것은 주변 사람을 고려하여 이성적으로 생각하는 영혼의 목소리입니다. 이성적으로 생각한 결과 멈춰야 할 수도 있고, 확실히 위험 요소를 제거하고 나서 행동해야 할 수도 있습니다. 마음의 소리를 들으라는 말은 감정만으로 행동하라는 뜻이 아닙니다. 어느 경우든 감정이 꿈틀거릴 때는 이성 또한 함께 꿈틀거려야 합니다.

## 좋은 의도는 항상 좋은 결과를 가져올까?

누군가를 향한 사랑이 동기인 경우엔 어떨까요? 사

랑이라는 좋은 동기로 출발하더라도 경우에 따라서는 그것이 에고가 되는 경우도 있습니다. 저도 오래전에 이런 경험을 했습니다.

제 목표는 부모님에게 새 집을 지어드리는 것이었습니다. 류머티즘으로 고생하고 계신 어머니를 위해 주방에 난간을 만들어드리고, 화장실을 침실 가까이에 두어 한밤중에도 편히 갈 수 있도록 해드리고 싶었습니다. 저는 그것이 틀림없이 사랑이라고 생각했기 때문에 경제적으로 여유가 생겼을 때 몇 번이나 어머니에게 말씀드렸습니다. 그럴 때마다 어머니는 "필요 없다. 나 때문에 돈 쓰지 마라"고 말씀하셨습니다.

저는 당연히 어머니가 괜히 사양하시는 거라고 생각했습니다. 가능하면 빠르게 진행하고 싶어 얼마 후 다시 어머니에게 말씀드렸습니다. 그러나 어머니의 본심은 '필요 없다'였습니다. 나이도 나이인지라 새 집을 짓는 동안 이사하는 것도 집안 살림을 다 정리하는 것도 부담스럽고 이제는 그냥 낡은 집에서 지금처럼 사는 것이 좋다는 말씀이었습니다. 저도 어머니를 닮아 성가신 일을 만드는 것을 싫어하는 성격이었으므로 그 마음을 충분히 이해할 수 있었습니다.

새 집에서 마음 편히 지내면 좋겠다는 마음이 동기였지만 부모님의 마음을 무시하고 집을 지어드리고 싶다는 저의 욕구를 우선하여 그대로 밀어붙였더라면, 동기가 아무리 좋아도 결국 결과는 좋지 않았을 것입니다. 어머니에게 그 말을 꺼낸 날로부터 3년 후에 어머니는 돌아가셨습니다. 고작 3년을 살기 위해 이사를 할 뻔했으니 어머니에게는 다행이었습니다. 이 일을 통해 깨달은 것은 개인의 욕심인지 마음속에서 이끄는 일인지는 주변 사람들을 생각해보면 금방 알 수 있다는 것입니다.

그래도 꼭 개인적인 마음을 따라 행동하고 싶다면 결과를 받아들일 각오를 하면 됩니다. 다른 사람의 비난이나 고난과 시련까지 모두 수긍하고 책임지면 됩니다. 이것 또한 하나의 '소중한 경험'이 되기 때문입니다.

나 자신 또는 타인에 대한 사랑이 바탕에 있다면 마음이 이끄는 대로 가도 됩니다. 성서에는 '이웃을 자신처럼 사랑하라'는 말이 있습니다. 이 말의 뜻은 자신과 이웃 양쪽을 모두 사랑하라는 것입니다. 많은 사람이 자신의 욕구만 충족시키고 싶다는 개인적인 욕심, 즉 '아욕(我慾)'을 영혼의 소리로 오해하지만 반드시 주의해야 합니다.

아욕이란 자신의 이익만을 최우선하는 일입니다. 상대방을 전혀 고려하지 않고 이기적인 행동만 하는 것입니다. 불교에서 강조하는 '지금, 여기서 ……하라'는 메시지를 '지금이 괜찮으면 괜찮은 거겠지? 지금이 편하면 다른 사람 따위 생각할 필요 없잖아'라고 잘못 이해하고 자신만 괜찮으면 다 괜찮다고 생각하는 사람이 많습니다. 이러한 생각은 지극히 자기중심적이고 근시안적인 판단입니다.

사람들의 무의식은 서로 연결되어 있다고 말씀드렸습니다. 표현을 바꾸면, 결국 모두 하나라는 의미입니다.

오로지 아욕을 충족하기 위해 살다 보면 타인에게도 나쁜 영향을 미칠 수밖에 없습니다. 나쁜 에너지는 돌고 돌아 결국 자기 자신에게 돌아옵니다. 그 시기는 며칠 후일지, 몇 주 후일지, 몇 달 후일지, 몇 년 후일지, 아니면 아예 이번 생을 넘어 다음 생일지 알 수 없습니다.

그렇기 때문에 직감을 행동으로 옮기기 전에 '지금 이 잠재의식을 따르면 나와 관련된 사람들이 불행해지는 건 아닐까?' 하고 스스로에게 물어봐야 합니다. 자신의 행동이 주변 사람이나 환경에 어떤 영향을 미칠지 점검하는 것을 에콜로지ecology 체크라고 합니다. 자신의 행동이 윤리적으로 해가 되지 않는지, 자신과 관계된 사람들과 환경을 배려하고 있는지 체크하는 것입니다. 행동하기 전에는 항상 에콜로지 체크가 필요합니다. 그렇게 함으로써 다시 한 번, 그 소리가 마음의 소리인지, 아니면 이기심의 발로인지 판단할 수 있습니다.

## 3 첫눈에 반했다는 말, 진실일까? 거짓일까?

첫눈에 반한다는 것, 과연 어떤 느낌일까요? 처음 만나자마자 눈길이 사로잡히거나 아직 아무런 이야기도 나누지 않았는데 가슴이 뛰는 등 그 사람에게 푹 빠진 느낌일 것입니다. 연애를 하고 있는 사람들에게 상대를 만난 순간 들었던 느낌에 대해 물어보면 '드디어 운명의 상대를 만났다', '이 사람과 결혼하게 될 것 같다'는 생각이 들었다는 말을 자주 합니다. 이 생각과 느낌들이 바로 잠재의식, 즉 직감이 보내는 메시지입니다.

미국에서 '첫눈에 반해 연애를 시작한 커플'을 조사

한 결과 10명 중 7명이 오랜 기간 교제 중이거나 결혼까지 했다고 합니다. 게다가 첫눈에 반해 만나다가 결혼한 사람들의 이혼율도 상당히 낮다고도 합니다. 순간적인 느낌으로 시작한 사랑인데 왜 그렇게 잘 이어나갈 수 있는 걸까요?

## 인간은 본능적으로 닮은 사람에게 끌린다

인간은 잠재의식으로 체취에 포함된 페로몬을 감지합니다. 이를 '페로몬 센서'라고 부릅니다. 인간에게는 강한 자손을 남기기 위해 자신의 유전자와는 다른 유전자를 감지하고 무의식적으로 파악할 수 있는 센서가 있습니다. 그 덕분에 어떤 사람이 자신에게 맞는지 본능적으로 알 수 있습니다. 만나자마자 직감적으로 '파팟!' 하고 찌릿한 느낌이 든 상대라면 자신과 유전자가 잘 맞을 가능성이 상당히 높을 수 있죠.

사람들은 또한 자신과 닮은 사람에게 무의식적으로 호감을 품습니다. 자신의 얼굴 윤곽이나 신체의 각 부분, 눈과 코 모양 등이 자신과 닮았다면 일단 마음에 드는 것이죠. 흔히들 '부부끼리 닮아간다'거나 '반려동물은 주인과 닮는다'는 말을 합니다. 그런데 사실은 처음부터 자신과 닮은 사람이나 동물을 무의식적으로 선호하는 경우가 많기 때문에 일어나는 일이기도 합니다.


## ◖ 첫눈에 반하는 것을 무시하면 안 되는 이유

'첫눈에 반했다고 선뜻 마음을 허락하지 말고, 상대방을 잘 알고 오래 사귀다가 결혼을 생각해야 한다'고 충고하는 분도 계십니다. 확실히 그 말도 중요합니다. 하지만 첫눈에 반했다는 이유로 그 마음이 진지하지 않거나 가벼운 것은 아닙니다. 만약 당신에게 첫눈에 '파팟' 하고 찌릿한 느낌을 준 상대가 있다면, 평생의 반려자가 될 가능성이 높다는 것이죠. 그러므로 그 사람에게 다가가 자신을 알리려고 노력하거나, 정말 반려자로 삼아도 되는 사람인지 알아보는 것은 좋다고 생각합니다.

제가 아는 어떤 분은 20여 년 전 한 남자에게 첫눈에 반했습니다. 견딜 수 없을 만큼 좋아서 자신이 먼저 적극적으로 다가갔던 모양입니다. 하지만 안타깝게도 그 남자는 이미 사귀고 있는 사람이 있었기 때문에 거절 당했습니다. 이런 경우 대부분의 사람은 거기서 포기해버릴 겁니다. 하지만 그분은 마음을 저버리지 않았습니다. 그런데 그러던 중 그 남자가 교제 상대와 문제가 생겨 헤어지게 되었고 결국 그분은 그와 교제를 시작하게 되었습니다. 그리고 지금 두 분은 결혼한 지 벌써 20년이 훌쩍 지났습니다. 두 사람 모두 여전히 연애 감정을 느끼며 행복하게 잘 지내고 있다고 합니다.

첫눈에 반했을 때, '그 사람에 대한 건 아무것도 모른 채 외모만 보고 반하다니 어리석어'라고 생각할 필요는 없습니다. 그것은 직감이 보내는 'GO' 사인일 가능성이 높고, 페로몬 센서 덕분일 수도 있습니다. 누군가에게 첫눈에 반했을 때, 잠깐 지나가는 감정이라 생각하지 말고 진지하게 그 느낌을 인정해보세요.

# 3 3초, 직감이 스쳐 지나가는 시간

직감은 스쳐 지나가는 감각과 비슷하기 때문에 그것을 포착하여 곧바로 행동하지 않으면 놓쳐버립니다. 성공하는 사람들의 공통점은 직감이 발휘되면 곧바로 행동으로 옮긴다는 것입니다. 『놓치고 싶지 않은 나의 꿈 나의 인생』의 저자, 나폴리언 힐Napoleon Hill, 1883~1970, 미국의 성공학 대가. 여기서 인용한 책의 원전은 그의 대표작 『Think and Grow Rich』이다–옮긴이은 사업가인 앤드루 카네기에게 이러한 제안을 받았다고 합니다. "새로운 철학 프로그램을 만드는 데 힘을 빌려줬으면 한다. 전 세계에서 성공한 인물 500명을 인터뷰하는 것인데, 그것을 책으로 내려면 20년 정도가 걸릴 것이다. 할지, 말지 대답해달라."

## ❝ yes or no, 선택의 순간

500명을 인터뷰하고 책 편찬에도 20년이 걸린다면 누구나 '생각해볼 시간을 달라'고 했을 것입니다. 그리고 대개 흥미는 있어도 찬찬히 생각해보는 동안, 그 말을 들었던 순간 느꼈던 설렘이나 흥분이 점점 사라져 '예스'라고 대답할 수 없을 겁니다.

나폴리언 힐은 그 이야기를 들었을 때, '아니, 망설일 게 뭐가 있어. 예스라고 대답해!'라는 마음의 소리를 들었고 하겠다고 대답했습니다. 그 대답을 하기까지 걸린 시간은 29초. 카네기는 나폴리언 힐이 대답하는 데 만약 1분 이상이 걸렸다면 이 제안은 없었던 것으로 하려고 생각했다고 합니다.

나폴리언 힐은 직감의 소리에 따랐습니다. 그 결과 나폴리언 힐은 이 책으로 역사에 이름을 남긴 사람이 되었습니다. 그는 이렇게 말합니다.

"당신이 실패하는 가장 큰 원인은 결단력 부족이다."
"우유부단은 모두가 극복해야만 하는 가장 큰 적이다."

누구나 쓸데없는 걱정으로 좋은 기회를 놓쳤던 적이 있을 것입니다. 직감은 갑자기 번뜩이며 떨어지는 것이며 그 기회는 너무나 빨리 지나가버리기 때문에 기회가 언제 찾아와도 바로 붙잡을 수 있도록 훈련을 해두어야 합니다. 훈련이라고 하니 거창할 수 있지만 단순하게 말하면 자신의 직감을 믿는 습관을 만드는 것입니다. 급한 상황일수록 의식보다 무의식의 힘이 더 잘 발휘되므로, 당신에게 최선의 답을 가르쳐주는 경우가 많습니다. 사실 직감은 스쳐 지나가는 것이기 때문에 3초 안에 그 직감을 받아들이고 붙잡지 않으면 행동할 수도 없습니다. '팟!' 하고 감이 오면 바로 행동할 수 있도록 직감력을 높여보세요.

## 현재의식에 붙잡혀 놓친 기회

직감이 무엇인지 앞서 말씀드린 것을 토대로 다시 정리해봅시다.

- 가장 처음 생각한 것.
- 문득 떠올린 것.
- 말로 표현하기 어렵지만 확실한 생각.
- 스쳐 지나가는 것과 같은 빠르기다.
- 너무나 빨리 지나가기 때문에 쉽게 잊어버리고 중요한 것인지 모를 때도 있다.
- 나중에 결정을 바꾸려는 것은 두려움 때문이다.
- 나중에 드는 생각은 계산적인 생각이다.

그리스 신화에 카이로스라는 신이 있습니다. 카이로스라는 이름은 그리스어로 '기회(찬스)'를 의미하는 말을 어원으로 삼고 있습니다. 카이로스는 외모가 아주 특이해서 그 조각상을 보면 앞쪽 머리카락만 길고 뒤쪽은 대머리입니다. 그래서 '기회의 신은 앞머리밖에 없다'고 말하기도 하고, '좋은 기회는 왔을 때 바로잡지 않으면 나중에는 잡을 수 없다'는 의미까지 확장하게 된 것입니다.

예전에 이런 일이 있었습니다. 제 코칭 모임에 어떤 분이 신청서를 냈는데 그때는 이미 정원이 다 찬 상태였습니다. 그분은 더 이상 인원을 모집하지 않는다는 것을 알면서도 밑져야 본전이라는 생각으로 신청하셨습니다. 당시 저는 신청서를 읽고 직감적으로 '지금 이 사람에게는 코칭이 필요하다'고 판단한 사람의 신청만 받았습니다. 그분은 코칭을 받아보고 싶다는 뜨거운 마음을 갖고 계셨고 마침 자리가 비어 코칭 모임에 참가할 수 있게 되었습니다.

하지만 그분은 신청서를 내고 난 후, '정말 내가 코칭을 받아도 되는 걸까?', '혹시 충동적이었던 건 아닐까?' 하고 이런저런 생각을 하다가 자연스럽게 브레이크가 걸린 모양입니다. 겨우 기회가 찾아와 문이 열렸는데, 그분 표현대로라면 이 브레이크야말로 직감이라고 생각했다고 합니다. 그리고 훗날 신청을 취소하겠다는 연락이 왔습니다.

직감은 처음에 느꼈던 것입니다. 하지만 스쳐지나가기 때문에 그 느낌을 제대로 기억하지 못합니다. 나중에서야 인생이 변하는 것이 두렵고 돈 쓰는 게 싫어 변명을 내뱉는데, 이는 처음에 느낀 그 직감을 잊었기 때문입니다. 그분은 이후에도 코칭에 대한 생각이 머리에서 떠나지 않았는지 몇 개월 후 미안하다는 말과 함께 다시 한 번 코칭 모임 참가 신청서를 제출했습니다. 하지만 이미 기간이 지나고 인원이 다 채워져 빈자리가 좀처럼 나지 않아 참가할 수 없었습니다. 기회의 문은 이미 닫혀버린 것이죠. 처음 내린 판단은 직감으로 한 것이지만, 그 후 현재의식이 브레이크를 걸어 기회를 놓치고 말았습니다.

## 기회의 신을 붙잡을 수 있는 시간은 단 3초

카이로스는 도망치는 속도가 빠릅니다. 때때로 카이로스는 빅 찬스를 들고 웃으면서 지나가곤 합니다. '하하하하~ 나 잡아봐라~' 하면서요. 저는 젊었을 때 이

기회의 신을 수백 번이고 더 놓쳤던 것 같습니다. 카이로스는 정말 엄청난 스피드로 지나갑니다. 저도 역시 젊었을 때는 꾸물거리다가 늘 앞머리를 놓쳤습니다. 하지만 인생 후반전에 돌입하여 심리학과 코칭, 그리고 성공 철학을 배우게 된 뒤부터는 사고와 행동이 한 세트가 됐을 만큼 결단과 실행이 빨라졌습니다. 최근에는 카이로스를 기다리다가 바로 정면에서 앞머리를 잡기도 했습니다.

몇 번이고 강조하지만 직감과 잠재의식의 목소리는 대부분 가장 처음에 옵니다. 나중에 오는 것은 좌뇌적 사고, 위험 부담의 회피, 계산 같은 것입니다. 카이로스가 엄청난 스피드로 당신 앞을 지나쳤다 해도 다음에는 꼭 그의 앞머리를 잡을 수 있도록 준비합시다. 문득 생각난 것, 문득 느꼈던 것, 문득 번뜩였던 것, 문득 스쳐 지난 것을 3초 안에 붙잡을 수 있어야 합니다. '문득' 생각한 것, 번뜩였던 것에 성공의 씨앗이 들어 있으니까요.

Chapter 2

# "망설이는 순간,
# 기회는 달아난다!"

인생의 빅 찬스를
아깝게 놓치는
8가지 이유

# 3 마음의 소리 대신 타인의 말만 듣는다

마음은 어디에 소속된 부분일까요? 머리일까요, 감정일까요? 마음은 감정에 좀 더 가깝습니다. 그래서 감정과 직감은 유사한 것 같지만 다른 감각입니다.

1장에서 말씀드렸듯이 직감은 번뜩임, 정답이 불쑥 떨어져 내려오는 느낌, '파파팟' 하고 오거나 스쳐가는 것입니다. 그에 비해 마음의 소리는 당신의 기분, 감정이 아주 조금씩 서서히 오거나, 마음이 순수한 상태 그대로 강렬하게 움직이는 그런 감각입니다.

## 결정을 남에게 미루는 사람들

뭔가를 결정할 때, 직감뿐만 아니라 마음의 소리도 중요합니다. 바쁘게 살거나 과제가 산더미 같을 때, 피로가 누적되어 있으면 마음의 소리, 즉 '본심'이 무엇인지 알기 힘듭니다. 마음의 소리를 제대로 듣지 못하면 자신이 무엇을 하고 싶은지 잘 알 수 없거나 문제에 직면했을 때 잘 대처할 수 없습니다. 결국 안이하게 다른 사람에게 조언이나 답을 구하고, 또 그것을 행동으로 옮기기도 합니다.

마음의 소리를 듣고 스스로 고민하기도 전에 사주나 점을 보기도 합니다. 재미로 한두 번 보는 것이야 괜찮지만, 스스로 결정할 수 없기 때문에 계속해서 점집을 찾아다니는 것은 위험합니다. 누군가에게 인생의 고삐를 건네준 상태에서 과연 자신에게 정말 의미 있는 삶을 살 수 있을까요? 그리고 이처럼 결정을 남에게 미루는 행위는 직감을 둔하게 만드는 요인 중 하나입니다.

물론 점을 보는 게 무조건 나쁘다는 것은 아닙니다. 중요한 결정을 할 때 다른 사람의 의견이 많은 도움이 되기도 합니다. 하지만 중요한 것은 다른 사람의 의견을 듣기 전에 먼저 자신의 마음에 의식을 집중해야 한다는 것입니다. '나는 정말 어떻게 하고 싶은가?', '이 문제를 어떻게 하면 해결할 수 있을까?' 하고 시간을 두고 생각해보면 다른 사람의 의견을 듣지 않아도 의외로 쉽게 답을 찾을 수 있습니다.

자신에게 묻는 습관을 들이세요. 습관처럼 다른 사람에게 묻던 것을 자신에게 먼저 물어보세요. 잠재의식에 축적된 당신의 경험과 학문, 지식 안에서 최선의 답을 찾을 수 있을 것입니다.

## ♪ 마음의 소리를 듣는 시간

직감이 발휘되지 못하고 있다면, 자주 피곤하거나 마음이 차분하지 못하고 일이 한꺼번에 몰려온 상황일 경우가 많습니다. 즉, 진정한 나를 느끼거나 생각할 수 없는 상황인 것입니다. 그리고 주변 사람의 눈을 너무 의식하는 경우에는 직감도, 잠재의식의 소리도, 마음의 소리도 들을 수가 없습니다. 오직 주변 사람의 목소리만 들릴 뿐입니다.

그럴 때는 잠깐 멈춰 서서 심호흡을 하고 흥분을 가라앉힌 후 마음의 소리에 귀를 기울여보세요. 직감이 발휘될 수 없을 만큼 힘들다면, 몸에서 '쉬어야 한다'는 신호를 보내고 있는 것일지 모릅니다. 그럴 땐 작정하고 하루나 이틀 정도 푹 쉬어야 합니다. 충분히 길게 숙면을 취하고, 맛있는 음식을 먹으며, 집에 틀어박혀 보고 싶던 영화나 드라마를 보세요.

개인적으로 저는 즐겨보는 예능 프로그램이나 유튜브 영상을 한꺼번에 몰아보는 것을 추천합니다. 소리 내어 '와하하하하!' 하고 웃을 때 진짜 순수한 자신으로 돌아가기 때문입니다. 고민도 고통도 숨 막히는 답답함도 웃음으로 흘려보낼 수 있습니다. 온천이나 찜질방에서 땀과 함께 스트레스를 흘려보내는 것도 좋은 방법입니다. 어떤 방법이든 좋습니다. 나를 옭아매는 고통에서 잠시라도 벗어나 마음의 소리를 들을 수 있다면요.

마음의 소리를 듣고 잠재의식이나 직감을 정확히 파

악하려면 다른 사람에게 인생의 결정권을 넘기지 마세요. 가장 중요한 것은 순수한 '나'를 받아들이고, 순수한 '나'로서 생각하는 것입니다.

# 3 자신이 원하는 것이 무엇인지 잘 모른다

자신에게 정직하게 살지 않으면 직감이 발휘되지 못합니다. 직감을 발휘하며 살고 싶다면 스스로에게 거짓말을 해서는 안 됩니다. 왜냐하면 거짓말을 하는 시점에는 이미 이해득실을 따지고, 의식적, 좌뇌적인 삶을 살고 있는 셈이기 때문입니다.

'행복', '기분 좋음', '즐거움', '가슴 떨림' 같은 자연 발생적 동기 부여는 직감을 더욱 발휘하기 좋은 상태로 만듭니다. 오늘 하루, 당신은 자신에게 정직했나요? 당신은 자신에게 거짓말하지 않는 삶을 살고 계신가요?

## ⌡ 나는 과연 어떤 성공을 바라는가?

예전에 어떤 영화를 보다가 갑자기 '자신의 신념을 관철하라'는 메시지가 저에게 '팟' 하고 다가왔습니다. 작긴 해도 두 회사를 경영하다 보면 직원들과 외주업체에 급여를 지급해야만 하고, 제 생활도 꾸려나가야 하기 때문에 수익을 발생시켜야만 합니다. 그래서 당시에 저는 다양한 마케팅 전략과 비즈니스 모델을 연구하고 있었지만 그 메시지가 떠오른 다음에는 이제 그런 연구는 필요 없다는 생각이 들었습니다.

지금까지 마케팅과 경영 공부를 하면서도 잠재의식에서 말하는 메시지와 전략이 어울리지 못하는 경우가 많았습니다. 여러 가지 편법을 보며 실망하고 '저렇게까지는 하지 말아야지'라고 생각하기도 했으며, 돈을 많이 버는 게 성공이 아니고, 돈을 벌었다고 해서 반드시 인간적으로 성숙한 것도 아니라는 것을 느꼈습니다.

스스로 어떻게 존재하고 싶은지 명확히 규정함으로써 주변에 휘둘리지 않는 자신을 확립할 수 있습니다. 즉 자신에게 정직한 삶을 살자, 자신의 신념을 관철하

자고 생각했던 것입니다. 돌이켜보면 평범한 주부였던 제가 두 회사를 경영하게 되고, 법인화한 후 10년 동안 망하지 않고 지금까지 순조롭게 이끌어온 것은 단연코 마케팅을 공부했기 때문이 아닙니다. 늘 염두에 두었던 것은 저의 신념과 가치관을 정보로 제공하자는 것이었습니다. 블로그라는 매체를 통해 사람들에게 인생에 도움이 되는 정보를 계속 전파하는 것, 단지 그것뿐이었습니다.

## 나에게 솔직할 때 직감은 더 명확해진다

지금의 제가 존재하기까지 제 삶은 정말 기적의 연속이었습니다. 항상 직감에 따라 살아왔다고 말할 수도 있습니다. 무엇을 선택하면 좋을까? 무엇을 피해야할까? 고민할 때마다 매번 직감이 가르쳐주었습니다. 저는 무엇보다 스스로에게 정직하게 살았기 때문에 직감을 더 쉽게 받아들일 수 있었습니다.

자신에게 정직하게 살아가면 남들에게 좋아 보이려

고 애쓸 필요가 없습니다. 처음 만나는 사람 앞에서도 있는 그대로를 드러내기 때문에 만약 제가 싫다면 상대방은 알아서 떠나갑니다. 진정한 저의 모습을 좋아해주는 사람만 남기 때문에 그런 환경일수록 직감은 더 잘 발휘됩니다.

가끔 저를 이용하려고 접근하는 사람이 나타나기도 하고, 그런 사람과 인연을 맺었다가 아픈 경험을 한 적도 있었습니다. 하지만 그것 역시 경험치를 올리기 위한 사건이었다고 생각합니다. 인생에서 일어나는 사건들은 점이 아닌 선으로 연결됩니다. 일시적으로 실패한 듯 보여도, 긴 안목으로 보면 그 사건은 선이 되기 위해 반드시 필요한 것입니다.

자신에게 정직하게 살아간다면 당신이 다음에 무엇을 하면 좋을지, 무엇을 선택하면 괜찮을지, 누구와 사귀고 누구를 멀리해야 하는지 등을 직감이 확실히 가르쳐줄 테니 안심하세요.

# 3 일상이 바뀌는 것을 두려워한다

뭔가를 시작하기 전에 어떤 '예감'이 들었던 적 없으신
가요? 예감이란, 미리 뭔가를 느끼는 것을 말합니다.
누구나 좋은 쪽이든 나쁜 쪽이든 왠지 모르게 무슨 일
이 생길지도 모른다는 느낌을 받아본 적이 있을 겁니
다. 왠지 모르게, 잘 설명은 할 수 없지만 확실한 예감,
즉 직감이 발휘되는 상황은 일상생활에서 많이 경험할
수 있습니다.

예감도 직감이나 잠재의식에서 오는 메시지입니다.
뭔가를 시작하기도 전에 좋은 예감이 들었을 경우, 인

생에 놀라운 변화가 생기거나 혹은 인맥이 점점 쌓여 가는 등, 인생의 무대가 변하는 느낌을 받는 것입니다.

## ( 출발선에서 완벽한 사람은 없다

저에게 그런 변화가 일어난 해는 2009년이었습니다. 세미나 강사로 데뷔한 해라 인생의 터닝 포인트가 된 시기이기도 합니다. 그때는 강사 경험도 없었기 때문에 자신감이 부족했습니다. '아직 때가 아닌 걸까?' 현재의식에서 자꾸만 쓸데없는 걱정이 튀어나왔습니다. 그것은 환경이 변하면서 일어나는 두려움이란 것을 알았지만 불안했습니다. 하지만 저는 결국 모든 부정적인 감정을 극복하리라는 예감이 들었습니다.

예감대로 2009년은 제 인생이 단숨에 변한 해였습니다. 그로부터 10년이 지났지만 만약 그때 세미나에서 강사로 일할 기회를 여러 가지 핑계로 놓치고 기회의 신의 앞머리를 부여잡지 못했다면 아직도 이전과 똑같은 생활을 하고 있었을 것입니다.

그 해에 저는 많은 분을 만나 큰 영향을 받았습니다. 그중에는 평생을 함께 가고 싶은 분이나 사업적으로도 오랫동안 손잡고 가고 싶은 분도 있었습니다. 제 인생에서 누구와도 대체할 수 없는 존재가 된 분들과 인연을 맺게 된 소중하고 신기한 해였습니다.

## 우리는 필요 이상으로 변화를 두려워한다

사람은 때때로 환경이 변하는 것을 필요 이상으로 두렵게 여깁니다. 결국 안타깝게도 '예감'이나 '감', '직감'을 무시하여 큰 기회를 놓칩니다. 저는 어렸을 때부터 해외에서 일하는 것에 관심이 있었습니다. 처음 그 기회가 찾아온 것은 열여덟 살 때였습니다. 친척분의 도장에서 일하던 오스트레일리아 사람과 친구가 되어 비행기 값만 있으면 되니까 놀러 오라는 제안을 받았습니다. 하지만 혼자 갈 용기가 없어서 거절했죠. 그리고 훗날 크게 후회했습니다.

적당한 시기가 아니었다고 스스로를 위로하지는 않

았습니다. 저는 단지 용기가 없었던 것뿐이니까요. 그
때만 해도 제가 다른 사람에 비해 한두 걸음은커녕 수
십 걸음이나 뒤처진 느낌이었죠. 그 후 마흔이 넘어 해
외에서 일할 수 있게 됐지만 만약 그때 용기를 냈더라
면, 좀 더 일찍 영어와 친숙해지고 사업도 확장할 수 있
었을지 모릅니다. 여러분은 저처럼 이런 후회는 하지
않기를 바랍니다.


## 예감을 바로 행동으로 옮기는 연습

좋은 예감이 들면 바로 행동으로 옮기세요. 물론 그
예감이 빗나갈 때도 있겠지만 굳이 그건 신경 쓰지 않
아도 됩니다. 그런 경우에는 빨리 행동으로 옮기는 연
습을 했다고 생각하면 됩니다. 오히려 행동하지 않고
큰 기회를 놓치는 게 더 아깝습니다. 저도 괜찮은 예감
이 들면 투자도 거침없이 하고, 좋은 예감이 '짠' 하고
오는 분은 바로 미팅을 하려고 합니다.

하지만 주의할 점이 있습니다. 바로 주변 사람들의

방해를 이겨내는 것입니다. 이따금 가족이나 연인이 예감을 산산조각 낼 정도로 강력하게 반대 의견을 어필할 때가 있습니다. 주변 사람들의 반대는 당신의 진정성이 어느 정도인지를 확인하는 시금석 같은 것입니다. 그러므로 평소 자신이 무엇을 원하고 어디로 가고 싶은지를 명확히 결정하는 습관을 들인다면 반대 의견과 맞닥뜨렸을 때 흔들리지 않을 수 있습니다.

# **3** 자신이 선택한 것을 후회한다

도저히 무엇을 선택해야 할지 모르겠고, 생각하면 생각할수록 답을 찾을 수 없었던 적 있으신가요? 무언가를 선택할 때 무엇이 더 이득이고, 덜 손해 보는 쪽인지 살피느라 고민에 빠진 적 있으신가요?

위험 부담, 장점, 단점 등을 곰곰이 따져보고 분석하는 일은 매우 중요합니다. 이러한 과정을 통해 자신에게 최선의 답을 얻을 수 있다면 굳이 직감을 발휘할 필요도 없겠죠. 하지만 그런 분석을 하고서도 답이 나오지 않을 때는 어떻게 결정해야 할까요? 분석도 직감도 발휘하지 못하는 상황에는 차라리 제비뽑기로 결정하는 게 나을지도 모릅니다. 오래 고민해봤지만 무엇도 선택하지 못했다면 어느 쪽을 선택하든 당신에게는 같은 결과이기 때문입니다.

## 후회 역시 선택하는 것이다

우유부단하여 결단이나 선택을 망설이는 사람들의 마음에는 '후회하고 싶지 않다'는 강한 의지가 있습니다. 하지만 고민하는 데 너무 많은 시간을 허비할 만큼 인생은 길지 않습니다. 선택한 후에는 후회하지 않겠다고 결심하고 그냥 재빨리 행동으로 옮기는 게 상책입니다. 기회를 잡는 사람은 재빨리 행동으로 옮기는 사람이라고 합니다. 그것이 직감으로 연결되는 중요한 요소입니다.

무엇을 선택하든 사소한 문제나 사고는 생깁니다. 직감으로 선택하면 문제가 전혀 없다는 말이 아닙니다. 예를 들어, 연인과 헤어질까 말까 고민하다가 계속 만나기로 선택한 후 골치 아픈 일이 일어나면 '그때 헤어졌으면 이런 일은 없었을 텐데'라고 생각하지만, 헤어졌다면 헤어졌다는 이유로 다른 문제가 일어났을 겁니다. 따라서 결정 후에 벌어지는 일은 모두 자신의 인생에서 필연입니다. 그것을 이해하면 어느 쪽을 선택하든 후회는 없을 것입니다.


## 정답은 없다, 선택만 있을 뿐

우리는 살다 보면 수많은 선택과 결정의 갈림길에 서게 됩니다. 아파트가 좋을지 단독주택이 좋을지, 어떤 회사를 선택하면 좋을지, 그와 결혼할 것인지 말 것인지, 아이를 낳을 것인지 말 것인지…….

결국은 모두 정답이고 어떤 선택이든 위험 부담은 있습니다. 기쁨도 슬픔도, 즐거움도 괴로움도, 배울 점도 있는 것이죠. 그렇기 때문에 어쩌면 제비뽑기로 결정해도 좋을지 모릅니다. 흥미롭게도 구약성서에는 '제비뽑기는 신의 대답'이라는 구절이 있습니다(잠언

16장 33절). '무엇으로 할까? 신의 뜻대로……'라는 가사가 나오는 일본 동요도 있습니다. 이성적으로 분석해봤자 알 수 없을 때는 신에게 '저한테 좋은 쪽을 알려주세요' 하고 기도하며 제비뽑기를 해보세요. 하지만 거기서 나온 답이 납득이 안 된다면 그것은 당신 안에 정확한 답이 있다는 뜻입니다.

'내 인생은 나 스스로 결정한다'고 다짐해보세요. 일단 스스로 결정하고, 어떤 일이 있어도 내가 책임지겠다고 결심한다면 어떤 선택을 해도 좋습니다. 너무 머릿속으로 생각하지 말고 무엇이 더 좋을지 감각적으로 느껴보세요. 그러면 망설임은 하나둘 사라질 것입니다. 그리고 자신의 결정을 무조건 믿어보세요.

최선의 결정이자 최고의 결정은 무엇을 선택할 것인가가 아니라, 선택한 것을 후회하지 않는 것입니다. 그리고 자신의 결정에 책임을 지고 선택한 일을 열심히 해나가는 것입니다.

## 긴장한 상태로
## 억지로 답을 찾으려 한다

답을 찾을 수 없는 질문이 생기면 어떻게 하시나요? 뇌는 그 빈칸을 채우기 위해 무의식적으로 답을 찾으려고 합니다. 그러므로 답을 찾기 어렵다면 서두르지 말고 빈칸을 그대로 두세요. 오히려 그 빈칸이 있을 때, 직감은 쉽게 발휘됩니다. 하던 일을 잠시 멈추거나, 앞으로 이루고 싶은 목표를 정하는 일도 내 안에 빈칸을 만드는 일입니다. 온종일 스케줄이 가득해 조금도 쉴 틈 없이 바쁜 상태에서는 직감도 작동하기 힘든 법입니다.

의식적으로 열심히 답을 쥐어 짜내려고 하면 잠재의

식은 반응하지 않습니다. 긴장이 풀리고 마음이 편할 때야말로 참신한 아이디어나 자신에게 필요한 답이 퐁퐁 샘솟는 법입니다. 우리의 사고력은 마음이 편할 때 최대한 발휘될 수 있도록 만들어졌기 때문이죠.

## 의식하지 않아도 뇌는 답을 찾는다

미국의 심리학자인 칙센트미하이는 인간이 최대의 힘을 발휘하는 때를 마음이 편한 상태 중에서도 완전히 어떤 일에 집중하고 있는 '플로 상태'가 되었을 때라고 말합니다. 따라서 문제를 해결하려고 긴장한 상태로 필사적으로 답을 찾을수록 좀처럼 답에 가까워지기 어려운 것입니다. 문제가 심각해지거나 긴장 상태가 계속되면 더욱 해답을 찾기 힘듭니다. 그러므로 정말 답을 알고 싶을 때는 자신에게 '질문'을 던지고 그냥 잠깐 방치해둡니다. 물론 긴장이 풀렸을 때 그 질문을 느긋하게 생각해보는 것도 좋습니다. 그럴 때 '훅' 하고 생각하지도 못한 답이 떠오릅니다.

뇌에는 RAS<sup>reticular activating system, 망상체활성화계</sup>라는 기능이 있습니다. 오감으로 받아들인 정보로부터 무의식적으로 관심이 높은 정보만 선택하고 필요 없는 정보는 알아서 제거해주는 뛰어난 기능입니다.

이러한 기능 때문에 뭔가 답이 필요할 때 자신에게 질문을 하면, 뇌는 무의식적으로 답을 찾으려 합니다. 별 생각 없이 책을 읽을 때도, 친구와 대화를 할 때도 뇌는 의식하지 않아도 열심히 답을 찾고 있습니다. 버스를 타고 멍하니 있을 때, 긴장을 풀고 샤워를 할 때, 답이 갑자기 번뜩이는 경우가 많은 것은 이 때문입니다. 번뜩임은 그냥 지나쳐가므로 대부분의 경우, 나중에 다시 생각해내려 해도 잊어버리고 맙니다. 그러므로 늘 가까이에 메모할 수 있는 수첩을 두고 바로 기록을 해야 합니다.

제가 진행하는 코칭 세션은 보통 30분 정도입니다. 그동안 잠재의식에 접근할 수 있을 만큼 심각한 질문을 던집니다. 곧바로 대답이 나오는 경우도 있지만 그렇지 않은 경우가 많습니다. 그럼 클라이언트는 다음 세션 때까지 무의식적으로 그 질문의 답을 찾습니다.

좋은 답은 아무것도 생각하지 않고 있을 때 찾아옵니다. 예를 들면 빨래를 널고 있을 때, 산책을 하고 있을 때, 목욕탕에 들어가 있을 때, 멍하니 하늘을 올려다보고 있을 때, 아침에 일어날 때, 막 잠들려고 할 때 등 자연스럽게 긴장이 풀려 있는 순간을 소중하게 여겨주세요. 바쁘더라도 몸과 마음의 긴장을 푸는 시간을 꼭 만들어두기 바랍니다.

## 직감을 느끼면서 행동하지 않는다

직감을 다르게 설명하자면, 미래에 일어날 일을 순간적으로 감지하는 힘이라고 할 수 있습니다. 이를테면 새로운 제안을 받았을 때, 왠지 모르게 안 좋은 예감이 든다거나 '느낌 좋아, 가슴이 두근거려!' 하고 느끼는 것도 직감입니다. '왜 그렇게 느끼는 거야?' 하고 물으면 논리적으로 대답할 수 없는 그런 것입니다. 그렇게 생각하는 이유를 물어도 '음, 왠지 모르게 그런 것 같아'라는 대답 말고는 달리 표현할 수 없는 감각이 직감입니다.

모든 사람이 가지고 있는 이 동물적인 감각은 일상의 아주 사소한 습관들로 훨씬 더 예리하게 만들 수 있습니다. 굳이 특별한 능력이 있는 사람만이 직감이 예리한 것은 아닙니다. 알아채고도 모른 척하거나 단순한 우연이라고 치부하거나 직감인 줄 모를 뿐입니다. 예리한 직감을 갖고 있으며, 그 직감에 따라 곧바로 행동할 수 있는 사람은 자신이 바라는 상태를 손에 넣을 수 있습니다.

## 소소한 직감부터 행동으로 옮겨보자

일상생활에서 문득 머리에 떠오른 것을 무시하지 마세요. 곧바로 행동해보는 겁니다. 이를테면 머릿속으로 친구 얼굴이 스쳐 지났다고 합시다. 보고 싶다고 생각만 하지 말고 곧바로 연락해보세요. 그러면 상대방도 '어, 나도 마침 생각하고 있었는데' 하는 경우가 적지 않을 겁니다. 또 신문에 실린 책 소개 기사가 왠지 모르게 눈에 띈다면 이 또한 행동으로 옮기세요. 바로

사서 읽어보는 겁니다. 그 책에 인생을 바꿀 만한 내용
이 있을지도 모릅니다.

제가 코칭을 시작한 계기는 인터넷 서핑으로 여러
사이트를 보다가 왠지 '코칭'이라는 키워드가 마음에
걸렸기 때문입니다. 코칭에 대해 조사하다 보니 센다
이에서 열리는 코칭 스쿨을 발견했습니다. 곧바로 설
명회 예약을 하고 견학하러 갔는데, 점점 빠져들어 그
날 바로 수강하게 되었습니다. 당시에 저는 가난했는
데 말입니다. 하지만 돈은 어딘가에서 들어올 거라는
직감이 들었습니다. 그리고 저는 코칭 스쿨을 졸업하
자마자 한 달 만에 그곳에서 배운 코칭 기술을 사용해
수강비를 모두 벌었습니다.

지금의 저는 유독 신경 쓰였던 키워드 하나를 쫓아
행동했기 때문에 존재합니다. 코칭으로 인생을 바꾼
것이죠. 그 후에 책을 출판하면서 편집자는 제 직업을
'멘탈 코치'라고 부르는 것이 어떠냐고 제안했습니다.
그전까지 누구도 '멘탈 코치'라는 말을 쓰지 않았으나,
제가 세상에 알려진 이후 많은 여성이 멘탈 코치를 목
표로 공부하면서 지금은 멘탈 코치가 많이 늘었습니다.

## 행동력과 행운은 비례한다

　꿈을 이룬 사람, 성공한 사람, 인생을 거침없이 살아가는 사람의 공통점은 앞서 말한 대로 직감에 따라 즉시 행동한다는 것입니다. 행운이 따르는 사람은 자신이 행운을 받아들일 뿐만 아니라 누군가에게 행운을 운반하는 사람이기도 합니다. 행동하는 사람에게만 행운도, 성공도, 배움도, 이해도 찾아옵니다.

　저는 집에만 틀어박혀 있는 것을 좋아합니다. 그럼에도 저는 이따금 관심 있는 분야의 강의나 세미나가 열리면 찾아가 배우곤 합니다. 그 시간은 저한테 정말 중요한 인풋이 됩니다. 하지만 전문가를 만나러 가는 날이 되면 긴장감과 귀찮은 기분이 뒤섞이면서 온몸이 무거워져 집에서 나갈 때까지 참 힘듭니다. 그래도 배우고 싶은 프로그램이 눈에 띄면 나가고 싶지 않다거나 몸이 무겁다는 변명이 다가올 새도 없이 곧바로 신청합니다.

　만약 운을 자신에게로 끌어오고 싶다면 몇 번이고 다시 말하지만, 가장 처음 '팟' 하고 느낀 것을 곧바로 행동으로 옮기도록 하세요. 그러면서 직감이 발휘되어 곧바로 행동으로 옮길 때와 '팟' 하고 왔지만 행동으로 옮기지 않았을 때의 차이를 알게 됩니다.

## ↰ 결심과 행동의 선한 영향력

지금 저는 세미나와 강연 활동을 하러 전국을 돌아다닙니다. 물론 이 일을 처음 막 시작했을 때는 제가 전국에서 강연을 할 거라고는 상상도 못했습니다. 이 일을 본격적으로 시작하기 전, 블로그를 방문해주시는 독자 한 분이 세미나를 열어달라고 요청해 도쿄에서 처음 세미나를 개최한 적이 있습니다. 그때 가장 기억에 남은 참석자가 바로 갓난아이를 데리고 센다이에서 교토까지 오신 분이었습니다. 그때 제가 살던 곳이 바로 센다이였습니다. 제가 만약 센다이에서 세미나를 개최했다면, 제가 도쿄까지 올 필요도, 그분이 갓난아이를 데리고 머나먼 길을 올 필요도 없었을 겁니다. 그분은 신청서의 비고란에 '아기를 봐줄 사람이 없어서 세미나 근처에 아기를 맡길 곳을 찾아보고 참가할 생각입니다'라고 메모를 남기셨고, 그 메모는 제 인생에 큰 영향을 주었습니다.

이 일을 계기로 저는 지방을 포함한 전국에서 세미나를 열게 되었습니다. 저는 그분 덕분에 지금의 제가 있다고 생각합니다. 그분의 결심과 행동력이 제 인생을 바꿨다 해도 과언은 아닙니다.

이처럼 어쩌면 당신의 결심과 행동 역시 누군가에게 좋은 영향을 끼치고 있을지 모릅니다. 물론 그 행동력은 자신을 위한 것이기도 합니다. 이를테면 텔레비전에서 본 풍경이 아름다워 친구와 함께 여행을 떠나고 싶다는 마음이 들어도, '가족이 있는데 나 혼자 여행을 갈 수 없다'고 생각하는 사람이 많을 겁니다. 하지만 당신이 즐거워야 당신이 내뿜는 좋은 기운을 통해 가족이나 다른 사람도 힘을 얻을 수 있는 것입니다. 우선은 행동할 것, '팟' 하고 왔을 때 곧바로 행동으로 옮길 것. 이것들이 행운과 직감력을 더욱 높이는 방법입니다.

## 직감은 절묘한 타이밍에 찾아온다

우리는 매일 잠재의식으로부터 여러 메시지를 받습니다. 하지만 눈치채지 못하거나 보고도 못 본 척하며 그냥 흘려보내는 등, 인생을 바꿀 기회를 놓치는 일이 굉장히 많습니다.

'팟' 하고 직감이 오면 곧바로 행동하세요. 직감이 주는 메시지를 행동으로 이어가지 않으면 성과는 나타나지 않습니다. 왜냐하면 수없이 언급했듯 직감은 번뜩였다가는 곧바로 사라지기 때문입니다. 그리고 직감이 오는 그 순간이 바로 당신의 인생에 있어서 절묘한 타이밍일 가능성이 높습니다. 잠재의식의 메시지는 자주 인간의 지혜를 초월합니다. 반드시 직감과 행동은 한 세트라는 사실을 기억하세요.

# 3 고정관념에 사로잡혀 세상을 바라본다

직감이 예리한 사람도 둔해질 때가 있습니다. 새로 입사한 직장 동료가 어떤 사람인지 판단할 수 없거나, 정보가 너무 많아 어떻게 결정해야 할지 헷갈릴 때가 있습니다. 무엇이 직감을 둔하게 만드는 걸까요?

여러 가지 이유들이 있지만 그중에서도 고정관념은 직감을 가로막는 큰 적입니다. 이를테면 어떤 사람에 대해 '그 사람은 항상 거짓말만 해'라는 말을 듣고 나면 그 사람이 거짓말쟁이로 보입니다. 누군가에게 들은 정보와 상대에 대한 자신의 견해를 분리하지 않으면 다른 사람의 말에 휘둘리게 되고 직감이 작동하지 않게 됩니다.

## 모두에게 정답이라도 나에겐 틀릴 수 있다

모든 일은 중립적인 시각으로 보지 않으면 올바른 판단을 할 수 없습니다. 직감을 잘 발휘하려면 지식이나 경험은 당연히 필요하지만 쓸데없는 선입관은 조심해야 합니다. 또한 주변 사람들의 정보나 평가를 지나치게 믿을 때 직감은 작동하지 않습니다. 주변 사람들이 하는 말이 직감이 하는 말이라고 착각하는 경향이 있기 때문입니다.

다른 사람은 다른 사람의 삶이 있고, 자신은 자신만의 삶이 있다는 태도를 갖지 않으면, 모두가 좋다고 하니까 좋은 것이 틀림없다는 착각에 빠집니다. 착각이 심하면 직감은 점점 둔해집니다. 다른 사람의 말이 아니라 자신의 내부에 귀를 기울이세요.

특히 인간은 자신이 소속된 커뮤니티를 높게 평가하

는 경향이 있습니다. 집단 심리가 작동하여 다른 커뮤니티를 배타적으로 바라보기 때문입니다. 다른 사람의 의견을 맹목적으로 추종하는 상태에서는 직감이 작동하지 않습니다. 뭔가 선택할 때는 누군가의 의견을 먼저 듣기보다 자신의 내부와 마주한 상태에서 답을 얻으려고 하세요.


## 결정과 책임 모두 자신의 몫

많은 사람이 스스로 답을 내놓는 것을 두려워합니다. 책임지고 싶지 않고 실패하고 싶지 않기 때문입니다. 두려움이 클수록 누군가의 의견을 듣지 않으면 결정을 하지 못합니다. 훌륭한 교수가 말했으니까, 유명한 연예인이 말했으니까, 항상 성공만 하는 기업인이 선택한 것이니까 괜찮다고 생각하고 싶은 것입니다. 매번 이런 식으로 답을 찾는 이들은 아무리 시간이 지나도 직감의 소리를 알아챌 수 없습니다. 그리고 실패했을 때 자신을 되돌아보지 않고 다른 사람에게 책임을 묻기 때문에 발전하지 못합니다.

 직감을 가로막는 또 다른 적은 바로 피로입니다. 몸과 마음은 서로 연결되어 있으므로 몸이 지쳐 있으면 그에 비례하여 마음도 녹초가 되어 잠재의식의 문은 굳게 닫힙니다. 늘 깨어 있는 상태로 있을 수 없겠지만, 목표를 위해 자신을 무조건 몰아세우지 말고 몸의 컨디션을 잘 살피도록 하세요.

# 3 직감을 망가뜨리는 나쁜 습관 10가지

기회는 평등하게 찾아옵니다. 누구에게나 현재의 자신을 뛰어넘을 수 있는 기회, 다음 단계로 갈 수 있는 기회가 살다 보면 반드시 몇 번 정도 찾아옵니다.

행동력이 없는 사람에게도 기회는 반드시 돌고 돌아 찾아옵니다. 작은 기회는 모든 사람에게 수없이 찾아옵니다. 인생이 뒤바뀔 정도의 빅 찬스는 인생에서 두세 번 정도 찾아옵니다. 운이 좋은 사람은 기회가 찾아왔을 때 그것을 무의식적으로 잡을 수 있기 때문에 한층 더 큰 기회, 다음 단계로 나아갈 기회가 찾아옵니다.

운이 나쁜 사람에게도 빅 찬스는 찾아옵니다. 하지만 안타깝게도 대부분 그것을 놓칩니다. 왜냐하면 그동안 운 나쁜 사이클과 행동, 습관에 의해 그것을 활용하지 못하기 때문입니다.

당신은 운이 좋은 편인가요? 나쁜 편인가요? 그리 나쁘지 않지만 그리 좋지도 않다고 생각하나요? 큰 파도에 타려면 평소에 작은 파도를 타는 연습을 충분히 해야 합니다. 기회를 잡는 것도 똑같습니다. 작은 기회를 재빨리 잡을 수 있는 준비가 되어 있어야 큰 파도, 즉 빅 찬스에 올라탈 수 있습니다.


## 인생의 빅 찬스를 놓치는 사람들의 특징

중요한 기회를 놓치는 사람들은 대개 아래와 같은 모습을 보입니다. 한번 체크해보도록 합시다. 당신은 몇 개나 해당되나요?

☐  자신감이 없다.

□ 늘 나쁜 습관으로 되돌아간다.

□ 게으르다.

□ 포기하는 게 두렵다.

□ 늘 두 마리 토끼를 쫓다가 결국 한 마리도 못 잡는다.

□ 결심, 결단을 내리지 못한다.

□ 편하게 살고 싶다.

□ 노력하는 게 한심하다고 생각한다.

□ 겸손이 지나치다.

□ 감사하는 마음이 없다.

이런 사람들은 안타깝게도 작은 기회든 큰 기회든 모두 놓치는 경우가 많습니다. 특히 마지막의 '감사하는 마음이 없는' 사람은 빅 찬스를 잡을 만한 행동력이 있어도 그것을 계속 유지할 수 없습니다. 이런 사람들에겐 운이 먼저 떠나가는 편입니다.

'자신감이 없는 사람'은 실패를 두려워하는 마음 때문에 기회를 잡지 못합니다. 이런 경우에는 반대로 '실패해도 좋다. 잃을 게 아무것도 없다. 되든 안 되든 해 보자'라는 생각으로 기회를 잡아야 합니다.

'편하게 살고 싶은 사람'도 기회를 잘 잡지 못합니다. 기회를 잡는 데 필요한 것은 '재빠른 행동'이기 때문입니다. 앞서 말한 대로 기회는 엄청난 속도로 지나가버립니다. 편하게 살고 싶은 사람은 이 결정이 자신을 힘들게 하지 않을지 자꾸만 계산적으로 생각합니다. 결국 행동하지 않는 사람은 제대로 기회를 잡지 못합니다.

'노력하는 게 한심하다'고 생각하는 사람도 평생 기회를 잡지 못합니다. 이 또한 행동과 관련 있기 때문입니다. 성공도, 당신이 원하는 인생을 향해 가는 것도 결국 행동 없이는 무리입니다.

당신은 기회를 잡는 사람이 되고 싶습니까? 그렇다면 체크리스트 속에서 자신이 벗어나야 할 항목이 무엇인지 생각해보세요. 특히 '게으름', '느린 결단'은 기회를 잡고 싶다면 당신이 반드시 버려야 할 것입니다.

Chapter 3

# "촉이 좋은 사람은
# 뭐가 다를까?"

날카로운 촉을 만드는
11가지 습관

## 3 경험과 지식이 많을수록 직감은 더 예리해진다

"내 직감은 항상 틀려"라고 말하는 사람이 있습니다. 사실 그런 사람은 없습니다. 직감이 틀렸다거나 잘 발휘되지 않는다는 생각이 직감을 가로막고 있는 것입니다. 또는 앞서 말한 것처럼 너무 피곤하거나 진정한 자신으로 살지 못하는 상태일 수 있습니다.

그렇다면 어떻게 직감을 단련할 수 있을까요? 몇 가지 방법이 있는데, 우선 하나는 독서를 많이 하는 것입니다. 의외라고 생각하시나요? 지식은 사용하는 동안 지혜가 됩니다. 지혜란 지식을 활용하는 능력입니다.

지식을 지혜로 만들기 위해서는 일상생활에서, 인생에서 계속 많이 배워야 합니다. 그러면 지식이 지혜로 변하고, 잠재의식 속에 다양한 경험으로 남습니다.


## 고정관념에서 벗어나 다양한 정보를 받아들이기

직감력은 자신이 가지고 있는 정보량에 비례합니다. 독서를 하여 쌓인 지식이 나중에 번뜩임의 요소가 될 수 있다고 말씀드렸습니다. 많은 정보를 받아들이면 받아들일수록 쉽게 번뜩입니다. 아무것도 없는 곳에서는 결국 아무것도 나오지 않습니다.

직감력이란 축적된 지식과 지혜가 잠재의식 속에서 초고속으로 정리되어, 당신에게 가장 어울리고 편리하게 변조된 정보를 '자, 이거' 하고 쏙 꺼내주는 힘을 말합니다. 잠재의식에 있는 과거의 경험, 받아들인 정보, 수많은 기억의 서랍 속에서 하나의 서랍이 '쏙' 날아와 당신에게 가르쳐주는 것이 직감입니다. 그러므로 책을 읽거나 영화를 보거나, 세미나에 나가서 존경하는 사람의 이야기나 경험한 것을 듣는 등 계속해서 정보를 받아들이도록 하세요. 물론 받아들인 정보에 얽매이는 것은 금물입니다. 당신이 수집한 정보들은 당신을 위해 사용하는 재료일 뿐입니다.

## 일상에서 적극적으로 배우는 습관

뭔가 문제가 생겼을 때, 또는 중요한 결단을 내려야만 할 때 당신 내부에서 지식, 지혜, 경험, 배움 등이 고속으로 뒤섞이다가 가장 적절한 답이 '번뜩' 튀어나옵니다. 이것이 직감입니다. 해야 할 일은 물론 독서만이 아닙니다. 많은 사람들과 만나고, 그들의 가치관과 경험, 그밖에도 여러 콘텐츠와 접촉하여 당신의 잠재의식에 축적하세요.

인생에서 무익한 것은 아무것도 없습니다. 길가에 핀 잡초마저 당신에게 무엇인가를 가르쳐줍니다. 그러한 작은 것 하나하나가 당신의 직감으로 연결되는 것입니다. 지식을 얻기 위해 독서를 하고, 누군가와 만나

배우고, 인생의 힘든 사건에서도 교훈을 얻는 등 주변의 모든 것으로부터 무언가를 얻으려 노력할수록 당신의 잠재의식 안에는 점점 많은 보물이 쌓여갑니다.

직감은 그 보물을 이용하여 가장 빠른 시간 안에 적절한 답을 찾아내줄 것입니다. 독서를 비롯해 일상에서 적극적으로 배우는 습관을 들이도록 하세요.

# 3 내가 원하는
## 나의 이미지를 주입시켜라

앞서 1장에서 말씀드렸듯 잠재의식 안에는 셀프 이미지도 포함되어 있습니다. 셀프 이미지란, 자기 자신이 생각하는 자신의 이미지입니다. 사람들은 셀프 이미지대로 행동합니다. 자신이 밝은 성격이라고 생각하는 사람은 밝고 긍정적으로 행동합니다. 그리고 자신이 의심이 많은 편이라고 생각하는 사람은 남을 쉽게 믿지 못합니다.

이 셀프 이미지는 바꿀 수 있습니다. 자신을 부정적이라고 생각하는 사람도 긍정적으로 바꿀 수 있고, 되고 싶은 이미지를 잠재의식 속에 새겨 넣을 수 있습니다. 어퍼메이션affirmation, 자기 확언이나 데클러레이션declaration, 선언을 몇 번이고 말로 되풀이하는 일종의 인지 요법, 또는 자기 암시법을 통해서 말이죠.

## 잠재의식이 열려 있는 타이밍을 잡아라

자신이 직접 자신에게 암시를 걸 수 있습니다. 꼭 되고 싶은 이상적인 자신의 모습을 글로 써서 읽어보세요. 자기 암시가 성공할 수 있는 포인트는 두 가지입니다. 하나는 그 말을 믿을 수 있도록 많은 경험을 쌓을 것. 그리고 또 하나는 그 글을 자신의 입으로 말하는 타이밍입니다. 타이밍이 잘 맞으면 그다지 많은 말을 하지 않아도 당신이 한 말이 스윽 하고 잠재의식에 들어옵니다.

효과적인 타이밍은 뇌가 편한 상태일 때입니다. 편한 상태에서 뇌파는 알파파가 됩니다. 너무 편해져 꾸벅꾸벅 조는 상태가 되면 세타파가 되지만 이때 잠재의식은 방해받지 않기 때문에 잠재의식의 문 역시 활짝 열린 상태입니다. 그러므로 각인시키고 싶은 정보를 그대로 입력할 수 있습니다.

뇌가 세타파일 때는 꾸벅꾸벅 조는 상태이므로 이때 뭔가를 읽기는 힘들 것입니다. 그러므로 각인하고 싶은 음성을 들으면서 잠든다면 당신의 잠재의식에 이상적으로 생각하는 자신을 각인시킬 수 있습니다.

## 주입식 자기 암시의 힘

잠들기 직전이나 아침에 일어나서 아직 잠이 완전히 깨지 않은 멍한 상태일 때가 좋은 타이밍입니다. 어퍼메이션이 녹음된 CD를 잠들기 전에 자장가처럼 듣거나 아침에 일어나는 타이밍에 알람처럼 트는 것입니다. 세타파인 상태에서 되고 싶은 자신을 잠재의식에 주입하는 것입니다. 한 달 정도 하다 보면 점점 이상적인 자신의 모습에 가까워지는 느낌을 받을 수 있을 것입니다.

어퍼메이션 CD는 자신이 듣기에 기분 좋은 목소리를 고르도록 하세요. 음성이 불쾌하면 그 불쾌감 때문에 내용을 잘 받아들일 수 없기 때문입니다. 가장 효과적인 것은 자신의 목소리입니다. 뇌는 그것이 자신의 목소리라는 것을 파악하여 저항감 없이 받아들일 수 있습니다. 스스로 되고 싶은 이상형의 어퍼메이션 문장을 만들고, 그것을 자신의 목소리로 녹음하여 그 소리를 편할 때나 잠잘 때, 아침에 일어났을 때 계속 들어보세요.

# 3 운명의 사람을 만나기 위해 가져야 할 자세

운명의 남자, 운명의 여자를 기다리는 사람이 많습니다. '운명의 사람'이란 과연 어떤 사람을 말하는 것일까요?

일반적으로 사람들이 생각하는 정의와 제가 생각하는 정의는 조금 다릅니다. 일반적으로 사람들은 결혼할 상대를 운명의 사람으로 바라보며, 평생을 함께 살아갈 사람으로 인식합니다. 하지만 제가 생각하는 운명의 사람은 그렇지 않습니다.

우리는 수많은 사람과 만나고 헤어집니다. 그 만남

과 이별들은 살아가는 동안 성장하기 위해 거치는 과정 중 하나입니다. 따라서 운명의 사람은 한 명이 아니라 여러 명이라고 생각합니다.


## 모든 만남은 필연이다

우선 결혼 상대나 운명의 사람과 만나고 싶다는 욕구가 있는 것만으로도 바라는 미래가 찾아올 확률은 높아집니다. 지금까지 좋은 상대를 만나지 못했던 사람도 마찬가지입니다. 저 역시 18년을 함께 살았던 운명의 사람이 있습니다. 만약 제 인생이 80년이라면 거의 4분의 1에 해당하는 시간을 함께 지내온 셈입니다. 그는 제 인생에서 굉장히 중요한 시기를 함께한 운명의 사람이었습니다. 게다가 지금 제가 제 이름으로 일할 수 있게 되기까지 매우 중요한 시기를 사업적으로도 많이 도와주고 함께 달려준 사람이었습니다.

'만남은 필연'이라고 흔히 말합니다. 당신이 만약 진심으로 운명의 사람과 만나길 바란다면 언젠가 만날 수밖에 없다는 것이죠. 당신의 운명을 변경하거나 어느 정도 조정할 수는 있지만 당신이 누구를 만날지는 이미 정해져 있을 수밖에 없습니다. 그런 사람들을 당신이 원하고 끌어당기고 있기 때문이죠. 그러므로 힘들게 찾아 나서지 않더라도 언젠가는 만나게 될 것입니다. 물론 제자리에서 기다리지 않고 운명의 상대를 적극적으로 찾아 자신의 힘으로 만나는 경우도 있습니다. 만남의 방식은 다양하기 때문입니다.

## 운명을 알아보지 못하는 비극을 피하려면

하지만 슬픈 것은 서로가 운명적으로 연결되어 있는데도 상대방을 발견하지 못하는 것입니다. 서로 이번 생에 만나도록 예정되어 있는데도 그 필연마저 망가뜨릴 만큼 자신의 정신 상태나 감정 상태가 안 좋으면 운명도 제대로 작동하지 못합니다.

직감이나 잠재의식이 폐쇄된 상태라면 상대방이 가까이에 있어도 운명의 사람이란 걸 알아차리지 못합니다. 자신이 생각하는 이상적인 조건에 얽매어 눈앞에 운명의 사람이 있어도 눈에 들어오지 않거나, 몹시 바쁘고 피곤해 연애 감정을 느끼지 못하는 것이죠. 운명의 사람과 만나지 못하게 되는 요인은 다음과 같습니다.

- 자신을 소중하게 생각하지 않는다.
- 항상 굉장히 피곤하다.
- 마음과 시간에 여유가 없다.
- 행복하거나 즐거운 일을 하지 않는다.
- 자신을 비하하고 부정한다.
- 지나치게 많은 일을 하고 있다.
- 진정한 자신의 모습이 무엇인지 모른다.

이러한 상태가 지속되면 점점 생기를 잃고 본래 가지고 있던 반짝거림마저 혼탁해지기 때문에 운명의 사람을 알아보지 못합니다. 당신이 여유 있고, 마음이 편하고, 기분이 좋은 상태일 때 당신다운 빛을 발할 수 있습니다. 그때 비로소 서로가 서로를 알아볼 수 있습니다.

진정한 자신을 억압하고 진정한 자신의 모습을 숨기고 있다면 상대방의 눈에도 잘 띄지 않을 테니까요.


## 스스로 반짝일 수 있을 때 운명이 찾아온다

어쩌면 '결혼하지 않겠다'고 인생의 시나리오를 미리 설정한 사람도 있을 겁니다. 하지만 시나리오는 이미 결정된 것이 아니라 언제나 변경이 가능합니다. 줄거리나 목차를 미리 만들고 책을 쓴다고 해도 책을 쓰는 과정에서 얼마든지 자유롭게 바꿀 수 있는 것처럼 자신의 인생이므로 원한다면 언제든 변경할 수 있습니다. 그러므로 운명의 상대가 다가오는 것을 억지로 막아서지 마세요.

운명의 상대를 만날 확률을 높이고 싶다면 몸가짐을 단정하고 청결하게 유지하는 것이 좋습니다. 앞에서 말한 대로, 사람은 무의식적으로 타인을 겉모습으로 판단하기 때문입니다. 아름다움은 누구의 눈으로 보아도 기분 좋은 것입니다. 당신의 아름다움을 발휘해보세요. 즐거운 일을 하며 진심으로 인생을 즐겨보세요. 그러면 당신이라는 원석은 반짝반짝 빛을 낼 것입니다.

　그런 다음에는 흐름에 자신을 맡기라고 권하고 싶습니다. 당신이 행복해하는 일, 좋아하는 일을 하고 있다 보면 운명의 사람이 눈에 띌 것입니다.

# 3 좋은 직감은 좋은 감정에서 온다

스트레스가 가득할 때는 직감도 발휘되지 않습니다. 마음에 여유가 있는 기분 좋은 상태일 때야말로 직감이 잘 발휘되므로 환경을 잘 정비해둔다면 직감의 메시지를 쉽게 받을 수 있습니다.

하지만 우리는 무심코 안 좋은 쪽에 더 눈길이 가는 경향이 있어서, 좋은 감정보다 나쁜 감정에 더 집중하곤 합니다. 이를테면 하루 동안 좋은 일과 안 좋은 일이 같은 비중으로 일어났을 때, 어느 쪽에 더 마음을 빼앗길까요? 많은 사람이 안 좋은 일에 대한 생각과 감정이 자신의 마음과 머릿속을 온통 점령해버릴 겁니다. 자신이 그것을 선택했다는 것도 모른 채 말이죠.

## ⌐ 좋은 감정만 '선택'하기

백 가지 좋은 일이 있더라도 단 한 가지 안 좋은 일이 생기면 머릿속은 온통 그것으로 가득 차 백 가지 좋은 일이 없었던 일이 됩니다. 하지만 '기분 좋은 일'과 '마음 편한 일'에 집중하고 나쁜 일, 안 좋은 일은 제쳐두거나 못 본 척한다면 어떨까요? 의식적으로 나에게 좋은 것을 선택하는 것만으로 우리는 기분 좋은 상태를 유지할 수 있습니다. 물론 도저히 모른 척할 수 없는 나쁜 일 때문에 마음이 어지러울 때는 그 감정을 부정하지 말고 빨리 그 감정을 표현하세요. 종이에 써서 갈기갈기 찢어버리거나, 베개를 두들겨 패면서 분노의 에너지를 방출하여 빨리 좋은 감정에 집중하도록 하세요.

분노나 패배감은 다시 생각하면 할수록 증대되어 더욱 나쁜 일을 끌어들이는 법입니다. 이 사실을 기억한다면 나쁜 감정에 오랫동안 파묻혀 있으려 하지 않을 겁니다. 당신은 자신의 의식을 컨트롤할 수 있습니다.

## 사소한 행복도 언어화하기

기분 좋은 상태에 주목하고 그 기분을 증대시킬 수 있는 간단한 방법이 있습니다. 바로 '언어의 힘'을 사용하는 것입니다. 일에서 성공을 거둔 지인을 관찰하다 보면 그가 어떻게 성공할 수 있었는지 잘 알게 됩니다. 그는 무슨 일을 하든 '와, 고마워'라고 말하거나 맛있는 것을 먹으면 '아, 행복해' 하고 자연스럽게 작은 목소리로 말합니다.

일상 속에서 매번 그런 말을 하면 어떻게 될까요? 약간 불쾌한 일이 있어도 일종의 자기 암시가 작동해, 뇌는 발화된 그 말을 인풋하고, 몸과 마음에 그것이 작용하도록 만들 것입니다. 도저히 마음을 담아 말할 수 없다는 분들도 있는데, 몇 번이고 말하다 보면 마음도 담을 수 있습니다. 마음이 담길 때까지 계속 말한다면 언젠가 변화가 생겨납니다.

몇 번이고 기분 좋아지는 말을 계속해보세요. 그 변화를 느낄 수 있다면 다음에 만약 불쾌한 일이 생겼을 때도 기분 좋아지는 말을 함으로써 자신의 감정을 기분 좋은 쪽으로 옮길 수 있게 됩니다.

우리 모두 잘 알고 있는 '파블로프의 조건 반사'는 개에게 먹이를 주기 전에 종소리를 들려주면 종소리만 들어도 침을 흘린다는 현상을 발견하고 정의한 개념입니다. 이 현상을 우리 몸에 잘 적용해보는 겁니다. 기분 좋아지는 말로 우리는 자신의 기분을 정말로 좋게 만들 수 있습니다.

우리는 흔히 '인생의 모든 것을 스스로 선택할 수 있다'고 말하면서도 정작 자신의 감정은 스스로 선택할 수 없다고 생각합니다. 어차피 선택할 거면 기분 좋은 감정을 선택하여 기분 좋게 살아가면 좋겠습니다.

## 자연 속에서 부자연스러운
## 몸과 마음을 리셋하라

저는 정기적으로 아무것도 하지 않는 시간을 마련합니다. 그 시간 동안 저는 책도 읽지 않고 인터넷도 하지 않고, 그저 차를 마시거나 온천에 몸을 담급니다. 이처럼 멍하니 보내는 시간은 직감을 예민하게 만드는 데 도움이 됩니다. 고작 한 시간 그러고 있을 뿐인데 온천 수처럼 사업 아이디어가 솟아나거나 블로그에 올릴 글의 소재가 떠오릅니다.

너무 바쁘면 오감이 둔해집니다. 아무것도 하지 않고 아무 생각도 하지 않는 시간들은 자신의 둔해진 감각을 다시 회복시켜 줄 것입니다.

저는 바다를 멍하니 바라보거나 타오르는 불꽃을 바라보는 것을 추천합니다. 하지만 불꽃을 볼 수 있는 환경이 많지 않으니 향초의 불꽃처럼 작은 불꽃의 움직임을 관찰하곤 하죠. 바다의 파도나 불꽃의 흔들림은 머리를 텅 비게 해줍니다. 머릿속이 텅 비어야 잠재의식이 그 공백을 메울 수 있으니 일단 공백을 만드는 것이 좋습니다.

## ❩ 자연을 바라보며 부자연스러움 씻기

피로를 풀고 싶다면 바다를 바라보세요. 바다는 마이너스 이온의 보고입니다. 모래사장을 그저 걷는 것만으로도, 해변에 앉아 파도를 바라보고 파도 소리를 듣는 것만으로도 온몸의 긴장이 풀립니다. 또한 바닷물의 색을 시각 정보로 포착하는 것만으로도 테라피 효과가 있어서 정신적으로도 안정됩니다.

특히 밤바다는 더욱 조용하고 아름답습니다. 파도 소

리도 왠지 낮보다 더 평온하여 몸과 정신이 치유됩니다. 내부에 있는 고민이나 분노를 파도가 모두 씻어주는 듯한 느낌이 듭니다. 마치 리셋되는 것처럼 말이죠.

직감은 물이 있는 곳에서 더 잘 발휘된다고 합니다. 그것은 물소리와 시각 치유 효과 때문이겠죠. 물이 있는 곳이라면 어디든 좋습니다. 물소리의 치유 효과로 잠재의식의 문도 활짝 열릴 것입니다. 그 순간 생각지도 못한 아이디어가 쏙쏙 나옵니다. 꺼내려고 애쓴다고 해서 나오는 게 아니기 때문에 바다에 몸을 맡기는 느낌이랄까요.

자연은 완벽하고 가장 파워풀합니다. 자연은 인간의 잠재적 능력을 가장 잘 발휘하게 해줍니다. 하지만 사회생활을 하다 보면 불쾌한 상황에서도 웃어야 하고, 마음이 괴로워도 열심히 노력해야 하고, 울고 싶어도 꾹 참아야 합니다. 그것은 자연이 아닌, 즉 '부자연'스러운 것입니다. 이때는 직감도 발휘되기 힘듭니다.

슬플 때는 울고, 웃고 싶을 때는 크게 웃으며, 화가 날 때는 화를 내야 합니다. 희로애락을 발현하는 것이 자연스러운 상태입니다. 물론 발현 방식이 적절해야 하지만요. 자연에 몸을 둠으로써 인간은 가장 자연스러운 상태로 돌아갈 수 있고, 자신의 힘을 깨달을 수 있습니다.

# 나에게 묻고 스스로 답하라

직감력을 높이는 방법은 굉장히 다양합니다. 그중에서
도 제가 가장 추천하는 방법은 자신에게 질문하는 것
입니다. 질문하는 힘을 가진 사람은 직감력도 높습니
다. 앞서 설명해드렸듯이 자신에게 질문하고 대답을
얻지 못하면 뇌는 공백을 메울 만한 답을 찾아내려고,
무의식적으로 안테나를 세웁니다. 그리고 뇌의 RAS 기
능이 안테나 또는 필터처럼 작용하여 질문에 대한 답
을 찾기 시작합니다. 대답을 만들어내는 데 불필요한
정보는 거르고, 필요한 정보는 끌어당깁니다.

또한 앞에서 말씀드린 대로 잠재의식의 심층부는 집단 무의식이기도 합니다. 과거와 현재 속 모든 사람들과 연결되어 있습니다. 과거 사람들의 지혜와 요즘 시대 사람들의 지혜를 연결하는 예지의 집합체이기도 합니다. 자신의 잠재의식에 질문을 던지면 혼자서는 도출해낼 수 없는 대답도 집단 무의식 깊은 곳에서 제공해줍니다.


## ( 답은 자신의 내부에 있다

지금 사회는 정보가 넘쳐 무엇을 선택하고 무엇을 버려야 하는지 판단하기가 매우 어렵습니다. 사람들은 생각하는 것을 점점 귀찮아하며 사고를 정지한 채 영향력이나 권위 있는 사람의 말을 고스란히 믿어버립니다. 그러므로 우리는 더욱 자신의 직감을 믿고 자신의 답을 도출하기 위해 열심히 훈련을 해야 합니다.

코칭의 기본 이론 중에 '답은 자신의 내부에 있다'는 말이 있습니다. 자신에게 일단 질문을 하면 자기 내부에서 그 답을 찾기 시작한다는 뜻입니다. 이때 무의식이 적당한 답을 찾아내면 직감이 번뜩이며 작동합니다. 질문이 많으면 많을수록 무의식의 안테나는 더 올라가고 직감이 답을 가르쳐줍니다.

솔직하게 살아가는 사람은 직감을 잘 사용합니다. 직감을 더욱 예리하게 만들고 싶나요? 사실 어려운 방법들보다 잘 자고, 잘 먹고, 많이 놀며 좋아하는 사람과 함께 웃는 일이 가장 중요할지도 모릅니다. 그리고 좋은 질문을 자신에게 던지는 습관이 생기면 그것만으로도 직감은 더욱 깨어 있을 수 있습니다.

당신의 마음이 기쁘다는 것은 여유가 있다는 뜻이기도 합니다. 바빠서 정신적으로나 신체적으로 무리하고 있고, 진심을 전하지 못한 채 상대방에게 맞추기만 하는 빡빡한 상태라면 잠재의식의 문이 열리기 어려워 직감은 점점 둔해집니다.

좋아하는 것을 하지 못하는 상태는 진정한 '자신'으로 살아가지 못하는 상태입니다. 당신이 당신답게 여유를 가지고 살아갈 때, 자신의 마음도 알게 되고 잠재의식에 접속하는 느낌도 알 수 있습니다.

## 3 새로운 것을 얻으려면 손 안의 20퍼센트를 버려라

해외에 나가면 환경이 바뀌어서인지 사고방식이나 생각도 변합니다. 그 때문인지 저는 항상 해외에서 새로운 사업 아이디어를 얻습니다. 그리고 그것을 행동으로 옮겼을 경우엔 반드시 결과가 좋았습니다.

사고가 변하면 시각이 변합니다. 더 높은 곳에서 전모를 볼 수 있어서 미래에 해야 할 일이 명확해집니다. 언젠가부터 해외여행을 갈 때면 가기 전부터 '이 여행에는 뭔가 큰 의미가 있다'는 걸 직감했고, 그럴 때마다 사업에 아주 큰 도움이 되는 정보를 얻어 돌아왔습니다.

여행을 통해 수많은 깨달음을 얻었지만 그중에서 가장 큰 깨달음은 '손에 쥐고 있는 것을 놓아야 다음 단계로 넘어갈 수 있다'는 것이었습니다.

## 80은 그대로 20은 다르게

무언가를 손에서 놓아야 하는 타이밍은 크게 두 가지로 나눌 수 있습니다.

> ① 다음 단계로 나아갈 때
> ② 현재 진행하는 일이 원만히 돌아가지 않을 때

이럴 때는 대부분의 경우 손을 떼야 합니다. 이때 무엇에서 손을 떼야 하는 걸까요? 바로 아래와 같습니다.

- 딱딱하게 굳어버린 사고
- 일하는 방식
- 부정적인 인간관계

- 노동
- 행동

무언가를 새롭게 시작하는 것은 사실 간단합니다. 그보다 어려운 것이 지금까지 손에 쥐었던 것 또는 오랜 시간에 걸쳐 계속해온 것을 놓아버리는 것입니다. 여기에는 큰 용기가 필요합니다. 게다가 사업의 경우는 언젠가 반드시 정체기가 찾아옵니다. 이때 그대로 머물면 현상 유지도 어렵습니다. 조금씩 용기를 내 변화하지 않으면 안 됩니다. 저는 정체기가 올 때마다 세계를 무대로 사업을 하는 친구의 성공 법칙을 참고합니다.

"80퍼센트는 늘 하던 대로 하고, 20퍼센트는 다르게 일한다. 그리고 그 20퍼센트로 홈런을 노린다."

예전의 방식을 바꿀 때 불안감은 따라올 수밖에 없습니다. 하지만 이 법칙을 따르면 80퍼센트는 평소대로 일하기 때문에 불안감이 크지 않습니다. 바로 새로운 것을 시도할 수 없다 해도 일단 손에서 놓아버리는 게 중요합니다. 앞서 말했듯이 일단 공백을 만들면 당신에게 정말 필요한 새로운 무언가가 채워질 것입니다. 공백이 없을 땐 그 가능성조차 없는 것입니다.

매듭을 한 번 짓고 다음 인생의 단계로 나아가야 하는 상황에 직면했거나 왠지 자꾸 일이 꼬이고 뭔가가 계획대로 원활하게 돌아가지 않는 정체기에 빠졌다면, '내가 지금 손에서 놓아버려도 괜찮은 20퍼센트는 뭘까?' 하고 스스로에게 물어보세요. 사실 자신이 절대 놓치고 싶지 않고 집착하는 것을 놓아버리는 편이 더 좋을 수도 있습니다. 한번 고민해보세요.

# 3 현재의식으로 21일 안에 습관 바꾸기

지금까지 잠재의식과 직감의 중요성만 설명했지만 현재의식도 사실 매우 중요한 역할을 맡고 있습니다.

습관은 잠재의식의 영역 안에 들어 있습니다. 잠재의식의 표층부에 존재하며, 손버릇이나 말버릇도 이 영역에 포함됩니다. 당신이 어떤 행동을 무의식적으로 하고 있다면, 그 행동은 잠재의식에 정착한 것입니다. 그러나 잠재의식에 정착했다고 해서 나쁜 습관을 고칠 수 없는 것은 아닙니다. 이때 필요한 것이 현재의식입니다. 나쁜 습관을 바꿀 때도, 새로운 셀프 이미지나

좋은 습관과 말버릇을 정착시키고 싶을 때도 의식적인 부분, 즉 현재의식을 활용해야만 합니다. 현재의식은 의식의 사령탑입니다.

## 자신이 어떤 동기에 반응하는지 체크하라

만약 매일 잠들기 전에 10분 동안 책을 읽는 습관을 정착시키고 싶다면 우선 자신에게 적절한 동기가 무엇인지 체크해야 합니다.

사람은 똑같은 동기로 움직이지 않습니다. 중요하게 생각하는 가치에 따라 동기는 다양할 수밖에 없습니다. 사람들이 주로 반응하는 동기에 따라 유형을 나누면 크게 목표 달성형과 문제 회피형으로 나눌 수 있습니다. 전자는 그것을 손에 넣었을 때 얻을 수 있는 두근거림과 즐거움 등의 목표를 향해 행동하고 싶어지는 동기이고, 후자는 행동하지 않았을 때 찾아오는 문제를 회피하고 싶은 동기입니다.

예를 들어, 책 읽는 습관을 만들고 싶은 사람에게는

'이 분야의 전문가가 되고 싶다'라는 목표 달성형 동기 혹은 '형제에게 무시당하고 싶지 않아'라는 문제 회피형 동기가 작용할 수 있습니다. 어느 쪽이 좋고 나쁘다고 할 수 없습니다. 자신이 어떤 동기에 더 자극을 받는지 생각해보고 그 동기를 구체적으로 생각하며 집중해보세요. 그리고 동기를 글로 써보세요. 글로 쓰는 작업은 현재의식을 사용하게 되므로 머리로 생각만 할 때보다 의식에 더 크게 반영됩니다.

## 21일만 지나면 몸이 알아서 움직인다

무엇이든 하기로 결정했으면 무슨 일이 있어도 2주 동안 실천해보세요. 잠재의식이 정착할 때까지는 현재의식의 부분을 사용하여 사고와 행동을 의식적으로 바꿔야 합니다. 2주가 길다고 느껴지면 우선 3일 실천을 목표로 정해보세요. 3일 실천을 성공했다면, 1주도 충분히 가능하다고 생각될 것입니다. 그리고 1주 실천을 성공하면 차근차근 2주 실천을 도전해보세요. 기본적으로는 2주 정도 실천을 하면 습관화되지만, 그때 1주를 더 노력하면 습관이 제대로 정착합니다. 흔히 말하는 21일 습관이죠.

우리에게 주어진 기능 중에 쓸데없는 것은 아무것도 없습니다. 직감이나 잠재의식은 당연히 소중하고, 즐거운 일이나 두근거리는 일도 중요합니다. 하지만 현재의식이나 문제 회피적인 사고방식도 살아가는 데 중요합니다.

이를테면 폐암에 걸린 사람이 의사로부터 담배를 끊으라는 말을 듣고 금연을 결심합니다. 이때 금연은 무의식으로 가능한 것이 아닙니다. 더 이상 병을 악화시키고 싶지 않고, 죽고 싶지 않다는 동기가 강해서 그만두는 것입니다. 금연은 현재의식을 사용하여 의식적으로 자신을 컨트롤해야만 가능합니다. 자신을 억지로 컨트롤하지 못하면 자신도 모르게 담배를 손에 들고 피우고 말 것입니다.

이루고 싶은 작은 목표나 내일의 'TO DO LIST'를 써서 실행하는 일도 현재의식을 활용하는 일입니다. 월간 목표나 연간 목표를 쓰는 것도 마찬가지입니다. 인간은 세운 목표가 아무리 작아도 달성했을 때 뇌 속에서 쾌락 물질이 나옵니다. 'TO DO LIST'에 밑줄만 그어도 성취감을 느낄 수 있습니다.

인간의 뇌는 목표를 달성했을 때, 진정한 기쁨과 뿌듯함, 만족감 등이 솟아나도록 만들어졌습니다. 잠재의식이 이끄는 대로 목표를 정했다 해도 목표를 이루기 위해 현재의식을 활용해야 합니다. 자신과의 약속을 지키는 강인함과 인내심 등도 의식적으로 행동함으로써 기를 수 있습니다. 현재의식과 잠재의식의 균형을 잘 잡아봅시다.

# 3 충동과 직감을 구분하라

몇 년 전, 일 때문에 하와이에 갔을 때 자유 시간이 생겨 아무런 일정 없이 바다를 보면서 멍하니 있었습니다. 그때 터무니없는 생각이 머릿속에 떠올랐습니다. 회사의 주요 수익원이던 두 가지 일을 놓아버리자는 생각이었습니다.

지금 돌이켜보면 주요 수익원이 사라지면 수입의 상당한 부분이 없어지는 것이었습니다. 하지만 저는 두 가지 일을 두 달 후 손에서 놓아버리는 결단을 내렸습니다. 그 번뜩임은 고작 0.5초 만에 스쳐 지나갔지만 곧바로 결심했습니다. 망설임이나 불안함은 전혀 없었습니다. 어떻게 그런 결정이 가능했을까요?

## 0.5초 만의 결정

제가 그만두고자 결심했던 일은 이미 질릴 만큼 계속해왔던 일입니다. 저는 그때 새로운 것에 도전해볼 때가 됐다는 것을 직감했습니다. 그때는 아직 직감의 정체를 제대로 알 수 없었지만요. 중요한 결단일수록 이리저리 궁리할 수밖에 없지만 그렇게 생각만 하는 동안에는 어떤 행동도 할 수 없기 때문에 무엇도 바뀌지 않습니다. 앞서 말했듯이 망설여진다면 직감을 피해 좌뇌적으로 판단하고 있는 것입니다.

누구도 사업에서 손해를 보고 싶은 사람은 없을 것입니다. 경영자라면 회사를 존속하기 위해 이익을 창출해야만 합니다. 이익을 통해 직원들에게 월급을 지급해야만 합니다. 그렇다고 돈 문제에만 사로잡혀 번뜩인 잠재의식의 메시지를 무시해버리면 지금 단계에 계속 머무르게 될 뿐 아무것도 변하지 않습니다.

## 충동이 주는 메시지는 다르다

무엇이 잠재의식의 메시지이고, 무엇이 충동의 메시지인지 모르겠다는 분들이 많습니다. 이 둘은 비슷하면서도 차이가 있습니다. 1장에서 설명했듯 직감 즉 잠재의식의 메시지는 갑자기 '팟' 내려와 갑자기 지나가는 것이며, 가슴이 꽉 조이거나 '덜컹' 하고 무거워지는 느낌이 들고, 그것을 무시하고 지나치려 하면 신경이 쓰여 견딜 수가 없는 것입니다. 직감에는 망설임이 섞여 있지 않습니다. 근거 없는 자신감과 믿음까지 한 세트입니다.

거꾸로 충동적이거나 좌뇌적 사고일 경우는 거기에 망설임과 불안, 두려움이 있습니다. 또는 너무 감정적이라 이성이 결여되고 맙니다. 잠재의식이 작동할 때도 감정적이 되기도 하지만 비교적 냉정하고 이성적일 수 있습니다.

그리고 결단을 내린 후에도 다릅니다. 잠재의식이나 직감의 메시지를 알아채고 결단을 내리면 왠지 모르게 신기하게도 개운한 느낌이 들고 마음의 문을 활짝 연 것 같은 기분이 듭니다. 하지만 직감 이외의 메시지는 역시 이 결단을 내려도 괜찮았던 것일까 하는 망설임이 여전히 남아 있거나 정말 괜찮을까 싶어 생각이 오락가락하는 경우가 있습니다.

직감에는 그런 망설임이 전혀 섞이지 않습니다. 직감의 메시지를 알아채고 그 느낌을 알게 되면 수없이 그 감각을 맛볼 수 있고, 그 후에도 잠재의식이 주는 최고의 충고를 알아들을 수 있을 것입니다.

# 3 낯선 장소에서 새로운 시각으로 바라보기

제가 아는 경영자들은 모두 어린아이 같은 사고를 합니다. 어린아이처럼 자유롭게 사고하며 즐거운 것을 찾아서 '어떻게 하면 그것을 실현시킬 수 있을까' 하고 늘 두근거려 합니다. 그것이 최선의 답을 얻거나 직감이 작동하는 기반이 됩니다. 하지만 직감이 둔해질 때도 있습니다. 그것은 다음과 같은 상황일 때입니다.

　① 자기부정을 할 때
　② 다른 사람의 의견을 듣기만 할 때

①의 자기부정이 왜 직감을 둔하게 만들까요? 늘 자신을 부정하던 사람은 직감 역시 받아들이지 못하기 때문입니다. '그거 괜찮은데' 하고 생각하고도 스스로를 믿지 못하여 돌다리를 너무 두드리는 바람에 돌다리에 금이 가서 지나갈 수 없게 되거나, 돌다리를 두드리는 동안 열의가 식어서 아무 행동도 할 수 없게 됩니다.

②와 ③은 주변 정보에 너무 얽매어 스스로의 생각을 믿지 못하거나 '이래야만 한다'는 고정관념이 좋은 아이디어나 번뜩임을 말살하는 경우입니다. 자신보다 다른 사람의 의견에만 귀를 기울이는 습관이 생겨버리면 자신의 직감을 사용할 수 없습니다. 나중에는 사용하고 싶어도 녹슬고 곰팡이가 피어 도저히 사용할 수 없게 됩니다.

## ⌒ 아이처럼 자유롭게 사고하기

저는 종종 장난감 가게에 갑니다. 여기저기 둘러보며 설레는 마음으로 장난감을 사서 돌아옵니다. 리카 인형을 사보기도 하고, 도라에몽 장난감이나 게임기를 구입하기도 합니다. 평소에 가지 않는 곳에 가서 지금의 사고방식을 잊는 시간을 가지는 것도 제게는 직감력을 높이는 방법 중 하나입니다. 제한된 사고에서 벗어날 수 있기 때문입니다.

어린아이는 잠재의식의 문이 늘 열린 상태입니다. 어른이 되면서 그 문은 고정관념이나 일반 상식 등에 꽁꽁 묶여 좀처럼 열리지 않게 됩니다. 어린아이는 어른에게는 없는 발상을 가지고 있고, 머리나 마음도 유연하므로 아이디어도 풍부합니다. 그래서 아이가 놀듯이 놀다 보면 직감도 단련됩니다.

아이가 있는 사람은 늘 아이를 관찰하며 배울 수 있으니 유리하겠다는 분들도 있습니다. 그러나 부모는 아이를 바라볼 때 항상 부모의 입장이 됩니다. 이를테면 아이들은 밖에서 놀 때, 옷이 더러워지는 것 따위는 거의 신경 쓰지 않습니다. 하지만 어른이 아이와 놀 때는 좌뇌가 작동하여 '옷 더러워지지 않도록 조심해!', '그쪽은 위험하니까 가면 안 돼!' 하고 아이에게 많은 제한을 둡니다. 게다가 부정적인 어투로 말이죠. 또한 자신도 아이와 함께 놀 때, 머릿속 어딘가에서 '옷이 더러워지면 안 돼!', '아이를 보호하고 어른스럽게 행동해야 해!' 하고 제한을 둡니다.

그러므로 단순히 아이와 함께 노는 것뿐 아니라 아이와 같은 시점이 되어 노는 것이 중요합니다. 그래서 아이와 놀 때는 자신이 아이의 나이가 되었다고 생각하며 사고의 틀을 깨고 실컷 놀아보세요. 그 시간 동안 당신은 아이처럼 유연한 사고를 하게 되고, 잠재의식의 문이 쉽게 열려 직감도 잘 발휘됩니다.

# 3 쓰기만 하면 저절로 이루어지는 마법의 리스트

코칭을 배우기 시작했을 때, 가장 먼저 목표 리스트를 적었습니다. 그리고 저는 제가 적은 목표를 이듬해 거의 다 이루었습니다. 사업적 목표도 이루었고, 갖고 싶었던 물건도 살 수 있었고, 생활 방식도 원하던 대로 변했습니다. 그다음 해 목표 리스트에는 조금 상향된 목표를 적었습니다. 그것도 이듬해에 거의 다 이루었죠. 그 해에 이루지 못했던 것은 몇 년 후에 이루었습니다.

목표 리스트는 저에게 적기만 하면 이루어지면 마법의 종이처럼 느껴졌습니다. 왜 글로 적었을 뿐인데 이루어질 수 있었을까요?

클라이언트 중에도 몇 년 전에 목표로 세운 것들을 현재 대부분 달성했다는 사실에 놀라는 분이 많습니다. 특별히 목표나 꿈을 위해 철저히 계획을 세우고 행동한 것은 아닌데, 어느새 이뤄졌다고 생각하기 때문입니다.


## 🌙 기록하면 뇌는 저절로 움직인다

뇌에는 목표를 현실화하고 싶은 특징이 있습니다. 그렇기 때문에 목표를 정했다면, 그 목표를 이루기 전까지 잠재의식은 계속 작동합니다. 설령 글로 적은 내용을 잊어버린다 해도 잠재의식은 잊지 않고 무의식적으로 목표를 이루려고 움직이는 것입니다. 당신이 이루고 싶은 것은 결국 이루어진다는 사실을 잠재의식은 알고 있습니다. 그렇기 때문에 특별히 노력하거나 애쓰지 않아도 저절로 이루어지는 것입니다.

제가 8년 전에 적은 목표 리스트는 그 이듬해 거의

이루었지만 딱 한 가지 이루지 못한 것이 있었습니다. 그것은 '할리 타기'였습니다. '할리'란 미국의 할리 데이비슨이라는 대형 바이크를 말합니다. 그 꿈을 이루지 못한 이유는 리스트를 적은 이듬해에 자전거도 필요 없을 정도로 이동이 편한 동네로 이사했기 때문입니다. 그곳에서는 대형 바이크 같은 건 거추장스럽기만 했습니다. 하지만 리스트를 적고 나서 8년 후, 저는 할리의 주인이 됐습니다. 그리고 지금도 할리를 타고 다닙니다.

'할리 타기'를 목표 리스트에 적은 지 8년이 지난 어느 날, 우연히 할리 전시회에 초대되어 할리의 아름다움에 매료되는 바람에 대형 바이크 면허도 없으면서 할리를 구입했습니다. 뒤늦게 대형 바이크 면허를 따기 위해 필사적으로 학원을 다녔습니다. 그 시기는 제게 있어서 인생의 전환기였다 해도 과언이 아닙니다. 자그맣고 젊지도 않은 몸에 채찍질을 해가며 면허를 땄기 때문에 정말 힘들었지만 훗날 새로운 도전을 할 때마다 뿌리 깊은 자신감을 가질 수 있게 해준 소중한 경험이었습니다.

중년의 나이에 새로운 무언가에 도전하는 저의 모습은 수많은 중년 독자들에게 용기를 주었습니다. 무언가를 새로 시작할 때 나이가 많다는 것은 핑계가 되지 않는다는 메시지를 세상 사람들에게 줄 수 있었고, 회사의 고정 상품으로 바이크 캘린더도 만들어 판매하게 되었습니다. 그리고 무엇보다 제 인생을 할리라는 '멋의 상징'과 함께 보내게 되었으니 값진 보물을 얻은 것과 같습니다.

할리를 타기 위해 근육 트레이닝도 시작했습니다. 멋진 나를 만들기 위해, 그리고 탄력 있는 근육을 계속 유지하기 위해 지금도 하루도 거르지 않고 하고 있습니다. 이것 역시 할리 덕분입니다.

## 미래의 당신이 보내는 메시지

그 당시 목표 리스트에 '할리 타기'를 적었지만 사실 저는 할리를 타고 싶은 마음이 그리 크지는 않았습니다. 그냥 목표 리스트를 전부 채우자는 생각에 무심코 적은 것이었습니다. 그렇습니다. 그냥 '왠지 모르게' 직감적으로 적은 것입니다. 잠재의식은 알고 있었던 겁니다. 이 목표가 가져올 결과를 말이죠.

이 일이 있고 나서 특별히 노력하지 않더라도 문득 떠오른 생각이나 왠지 모르게 하고 싶은 것은 직감이 보내는 중요한 메시지라는 사실을 다시 깨달았습니다. 마치 하늘이 이끌어주듯 가장 적절한 시기에 가장 적절한 일이 눈앞에서 벌어지는 것입니다.

직감은 언제 어디서나 당신에게 메시지를 전해줍니다. 그다지 중요하지 않은 듯해도 당신에게 뭔가를 떠올리게 만들어줍니다. 그때는 중요하지 않다 생각했어도 훗날 그것이 당신에게 큰 의미를 주는 경우도 있죠. 그럴 때 부디 꼭 메모해놓도록 하세요.

직감은 예지 능력이기도 합니다. 당신이 앞으로 해야 할 일을 미리 보여주는 역할을 하죠. 그 직감을 알아채고 그것을 실행으로 옮겼을 때 풍요로운 삶을 살 수 있습니다. 미래의 당신이 보내는 것일지도 모르는 메시지를 놓치지 마세요.

Chapter 4

# "좋아, 싫어?
# 그것이 문제로다"

후회 없는 선택으로
이끄는
직감 활용법

## "만날까? 만나지 말까?"
## 직감을 통한 인간관계 정리법

함께 있으면 기분 좋은 사람과 편한 장소에서 맛있는 음식을 먹으면 마음에 좋은 영양소를 공급하는 느낌이 듭니다. 이러한 '기분 좋음'은 뇌에 직접적으로 신호를 보내 쾌락 물질이 방출됩니다. 그때 거울 속의 당신은 행복감으로 가득 찬 표정일 겁니다.

우리는 '기분 좋은' 상황만 선택하며 살아갈 수 없습니다. 하고 싶은 일을 못 할 때도 있고, 하고 싶지 않은 일을 꼭 해야 할 때도 있습니다. 하지만 늘, 매번, 항상 '기분 좋지 않은 것'을 선택해버리고, 자신의 마음을 억누르는 사람들이 있습니다. 그런 사람들은 쉽게 마음이 지치고 안 좋은 감정도 잘 튀어나옵니다. 계속 그 상태라면 직감은 둔해집니다.

　기분이 좋을 때 우리의 마음은 열려 있는 상태이며 자신에게 아무런 억압이 없는 상태입니다. 그때야말로 잠재의식의 문이 쉽게 열리고 직감 역시 잘 작동합니다. 마음도 머리도 긴장하여 딱딱하게 굳어 있으면 잠재의식의 문은 굳게 닫혀버립니다. 그래서 직감도 번뜩일 수가 없게 됩니다.

## 거북한 상황과 관계를 견디고 있다면

　누구나 '거북하다'고 생각한 경험이 있을 겁니다. 그때 자신의 상태를 다시 떠올려보세요. 예를 들어, 가고 싶지 않은 회식에 억지로 참석했다가 궁금하지 않은 시시한 이야기만 잔뜩 듣고 있을 때 어떤 생각을 하나요? '우와…… 정말 싫다! 도대체 언제 끝나려나? 아니면 지금이라도 나갈까? 뭐라고 말하고 가지? 중간에 갔다고 나중에 뭐라고 하는 거 아냐?' 하며 결단을 내리지 못하고 머릿속으로 온갖 상상만 합니다. 이때 잠재의식은 바짝 긴장한 상태입니다.

이러한 거북한 상황을 가능하다면 피하고, 피할 수 없다면 따로 시간을 내어 기분 좋은 시간을 보내세요. 그리고 뭔가를 선택할 때 기분이 좋을 것인가 아닌가를 선택 기준으로 삼아보세요. 여러 번 반복하다 보면 어느 순간 잠재의식이 자연스레 답을 알려줄 것입니다.

인간관계도 마찬가지입니다. 우리는 수없이 많은 사람과 관계를 맺고 살아갑니다. 하지만 그중에서 만나면 기분 좋은 사람은 몇 명이나 될까요? 만날 때마다 불편한 느낌을 주는 사람에게 너무 오랜 시간을 낭비하고 있지는 않나요? 자신의 느낌에 따라 관계를 정리하는 것을 두려워할 필요는 없습니다. 이해득실을 따져 무리한 인간관계를 지속하거나, 가고 싶지도 않은 곳에 억지로 가고 만나고 싶지 않은 사람을 만나 억지 웃음을 짓는 것보다, 기분이 좋아지는 결정을 내린다면 당신의 직감력은 더욱더 강해질 겁니다. 마음의 소리에 순순히 따르도록 해보세요.

**이런 상황이라면?**

하나 씨는 대학생 때 어울렸던 동기들과 자주 만나는 편이다. 하지만 어느 순간부터 모임에서 오가는 대화가 재미없고, 그들과 만나는 것이 시간 낭비처럼 느껴진다. 다음 주에 있을 약속에 나가야 할지 고민이다.

**3초 직감력 발휘하기**

— 친구들과의 모임을 생각할 때 가장 먼저 떠오르는 느낌은 무엇인가요?

— 거절을 못해서 혹은 당연히 참석해야 한다는 의무감 때문에 모임에 나가고 있지 않나요? 기분이 좋아질 수 있는 선택은 뭘까요?

## 3 "할까? 말까?"
## 어떤 일을 두려움 없이 시작하는 법

우리는 매일 어떤 결정을 내립니다. 아침식사로 무엇을 먹을까, 무엇을 입을까, 차로 갈까 버스로 갈까, 주말에 친구를 만날까 말까, 이 책을 살까 말까……. 이런 사소한 결정부터 시작해, 이직, 결혼, 창업, 이사 등등 큰 결정을 내려야 할 때도 많습니다. 그럴 때 선택지가 여러 개면 상당히 주저하게 됩니다.

당신은 무언가를 결정할 때 어떤 걸 중시하나요? 이를테면 직업을 선택할 때 어떤 조건을 가장 먼저 생각하나요? 많은 사람이 직업의 안정도와 주변의 인식 그리고 연봉 등을 살핍니다. 물론 모두 중요한 조건입니다. 일은 삶에 보탬이 되어야 하므로 현실적인 조건을 고려하는 것도 중요합니다. 하지만 제가 권하고 싶은 것은 '재미있어 보이는 쪽을 선택하는 것'입니다.

'아! 왠지 그거, 재미있을 것 같아!' 하고 생각한 것은 직감이 발휘된 대답이기도 합니다. 아이들의 판단 기준은 늘 그렇습니다. 어떤 일을 할 때, 이 일이 돈이 될지에 대해서는 판단하지 않습니다. 좋아하는 것, 재미있을 것 같은, 가슴이 두근거리는 일이라면 그냥 합니다.

아이들은 잠재의식의 문이 항상 열려 있는 상태입니다. 하지만 나이를 먹으면서 주변 사람들, 특히 부모의 가치관이 몸에 배어, 자신도 모르는 사이에 열려 있던 잠재의식의 문은 조금씩 닫혀갑니다. '재미있을 것 같아!', '나 그거 좋아해!' 하며 행동하던 아이들은 '이런 걸 하면 부모님이 좋아하실까?', '취업에 도움이 될까?' 하는 어른 같은 선택 기준을 갖게 됩니다. 안타까운 일입니다.

만약 당신이 여러 가지 선택지 중에서 하나를 선택

해야만 할 때, '재미있을 것 같다'고 느낀 쪽, '가슴이 두근거리는' 쪽을 선택해보세요. 그것이 직감이 보내는 신호입니다.

### 이런 상황이라면?

직장인 민기 씨는 요즘 퇴근 후 시간을 어떻게 보낼지 고민 중이다. 친구를 따라 헬스를 시작할지, 예전부터 꼭 배워보고 싶었던 영상 편집을 배워볼지 고민 중이다. 하지만 영상 편집을 배우려면 더 많은 시간과 비용이 들 것 같아 망설여진다.

### 3초 직감력 발휘하기

— 헬스를 하려는 목적은 무엇인가요?

— 영상 편집을 배우려는 목적은 무엇인가요?

— '재밌을 것 같다'라는 느낌이 먼저 드는 일은 무엇인가요?

## 3 "그만둘까? 말까?"
## 그만둘 용기와 멈추는 힘

새로운 일을 시작할 때, 직감이 'GO' 사인을 보낸다면 매우 설레고 두근거릴 것입니다. 반대로 위험이 있을 때 작동하는 직감은 어떤 느낌일까요? 그것은 '위화감'입니다. '말로는 표현할 수 없지만 왠지 안 좋은 느낌'입니다.

'GO' 사인이 주는 설렘은 알기 쉽기 때문에 직감을 알아채고 곧바로 행동한 결과 모두 잘 처리되는 경우가 많습니다. 그러나 위화감은 눈치채고도 무시하여 일과 관련한 계약을 해버리거나 안 좋은 관계를 지속하는 등 피해가 생기는 결과를 초래하는 경우가 많습니다. 물론 저도 가끔 그런 경험을 합니다.

## 위화감이 든다면 당장 도망쳐라

'STOP' 사인의 '위화감'은 좌뇌적인 감각이 아니라 직감입니다. 이를테면 당신이 좋아하는 가수가 몇 년 만에 단독 콘서트를 한다고 합니다. 이번에야말로 '가고 싶다'는 생각이 '번뜩' 하고 들면서 가슴이 떨립니다. 하지만 그 후 이런저런 것을 고려해보니, '교통비가 꽤 든다', '티켓 값이 비싸다', '무엇보다 그날 휴가를 받을 수 있을까?' 등등 여러 가지 생각에 머리가 아픕니다. 결국 '가지 말라는 신의 계시인가?' 하는 생각마저 들고 말 겁니다. 하지만 이 생각들은 직감이 아닙니다. 이것은 머리로 분석하여 나온 대답이므로, 위화감이 아니라 사고입니다. 냉정하고 객관적으로 사고하여 위험 부담을 제거하려는 움직임입니다.

인간관계의 경우는 위화감이 나중에 찾아오는 경우

가 많습니다. 처음에는 정말 좋은 사람처럼 보였는데 이야기를 하다 보니 뭔가 잘 맞지 않는 부분이 있거나, 그 사람이 무슨 말을 하는지 알 수 없다거나, 왠지 모르겠지만 이상하다는 생각이 들 수 있습니다.

처음 사귀기 시작했을 때는 좋은 사람이었어도 상대방의 파동이 바뀌는 경우도 있습니다. 그럴 경우는 도중에 눈치 챈 위화감을 무시하지 말고 지금까지 오래 사귀었다는 이유로 옛정에 현혹되지 않도록 하세요. 파장이 맞지 않는 사람과 계속 사귀다 보면 직감 역시 제대로 발휘할 수 없습니다.

위험을 알려주는 위화감은 잠재의식이 보내는 메시지입니다. 대개 곧바로 멈추는 편이 좋지만, 사실 그만두는 것이 뭔가를 시작할 때보다 어려운 경우가 많습니다. '가겠다고 말해버렸다'거나 '하기로 결심했다'는 이유로 번복하지 못하는 것입니다.

제품을 구매하거나 계약을 할 땐 더 주의해야 합니다. 제품이나 계약과 관련하여 설명을 듣는 도중 위화감을 느껴 거절하고 싶다는 생각이 드는 경우가 종종 있습니다. 하지만 '이렇게 오래 설명을 해줬는데 어떻

게 거절해……'라든가, '다들 그냥 사는데……'라는 생
각 때문에 위화감을 무시하고 헛돈을 써버리거나 손해
를 보거나 피해를 입는 경우가 있습니다.


## 아니라고 생각할 때 그만두는 용기

사람들은 대부분 위화감이라는 직감을 잘 알아챕니
다. 조금만 마음에 귀를 기울여보면 알 수 있죠. 하지만
그 위화감을 무시하게 만드는 것이 있습니다. 나쁘다
고 할 수 없지만 가끔씩 직감의 판단을 둔화시키는 것
입니다. 무엇일까요?

그것은 좌뇌적인 정보입니다. 수치가 오르고 있으니
까, 주변 사람들이 모두 좋다고 하니까, 정보 제공자가
유명인이니까, 돈이 많은 CEO이니까, 늘 성공하는 사
람이니까 등등의 정보에 현혹되지 말아야 합니다.

주변 사람에게 잘 맞는 것도 자신과는 맞지 않을 수
있습니다. 파동의 차이는 모두가 알아챌 수 있습니다.
알아챘으면 행동해야 합니다. 그것은 'GO' 사인도,

'STOP' 사인도 마찬가지입니다.

그만둘 용기와 멈추는 힘을 단련하면 손실이 줄어듭니다. 물론 손실 역시 지혜와 경험을 남깁니다. 하지만 가능하다면 시간 낭비와 감정 낭비를 최소한으로 줄이는 것이 좋겠죠. 주변 사람들의 의견에 쏠려가지 않은 채 조용히 마음을 들여다보고 있으면, 'GO' 사인인지 위화감이 있는 'STOP' 사인인지 잘 알 수 있습니다.

인간관계에서 위화감을 느끼면 일찍 대처하도록 합시다. 금전적인 손실이 생기더라도 위화감을 느낀다면 바로 용기 있게 중단하는 게 훗날을 생각했을 때 더 좋습니다. 금전적인 손실은 인생의 수업료라고 생각하고 집착하지 마세요. 성공하는 사람들은 결단력과 행동력뿐만 아니라 위화감을 감지하는 능력이 뛰어납니다. 놓치지 않고 확실히 포착할 수 있어야 합니다.

미래 씨는 새로운 회사에 출근한 지 한 달째다. 왠지 모르게 사람들과 어울리기도 힘들고, 업무 방식도 예전과 너무 다른 기분이다. 아직 적응하는 시기라고 생각하려고 하지만 자꾸만 '이건 아닌 것 같아'라는 느낌이 든다.

**3초 직감력 발휘하기**

— 'STOP' 사인을 받았지만 행동하지 못하는 이유는 뭘까요?

— 그 이유는 마음에서 우러나온 느낌일까요? 주변 사람들이 하는 이야기일까요?

# 3

## "살까? 말까?"
## 충동과 직감의 경계선에서

어떤 가게를 찾아 걷다가 갈림길에 도착했습니다. 왠지 왼쪽 길이 맞는 것 같다는 생각이 듭니다. 이것은 직감일까요? 아니면 충동적인 생각일까요?

직감은 육감(六感)이라고 불리는 감각에 속합니다. 하지만 충동은 감각이 아닌 감정에 가깝습니다. 끓어오르는 감정을 주체하지 못하고 망설임이나 불안을 떨쳐내고서라도 행동하게 만드는 것이 바로 충동입니다. 이성이 작동하지 않는 상태라고 볼 수 있습니다.

## 직감 뒤에 따라오는 불안의 정체

어떤 분은 일상생활에 수없이 제 이름이 키워드처럼 나왔다고 합니다. 아마 저라는 사람에게 직감이 작용한 것이겠죠. 그분은 '무시하기에는 너무 끌렸다'며 제 코칭 모임에 들어오셨습니다. 이처럼 왠지 무시하려고 하면 위화감이 들고 무시해서는 안 될 것 같은 끌림을 마음 깊은 곳에서 느끼는 것이 바로 직감입니다. 직감은 갑자기 내려오는 감각으로 틀림없다는 확신과 함께 찾아옵니다. 누군가에게 의논할 필요도 없이 순식간에 확신으로 가득 차 스스로 결단할 수 있게 합니다. 그것을 무시하려 해도 신경이 쓰여 견딜 수가 없습니다.

하지만 직감에 의해 내린 판단이라도 시간이 지나면 판단이 흐려지는 경우가 있습니다. '참가비가 너무 고액이었는데 신청한 거 잘한 걸까?' 하고 생각하는 것은 현재의식의 소행입니다. 이성이 지나치게 작동하여 변명의 소리가 들려오기 시작하는 경우가 있는데, 훗날 그렇게 느끼는 것은 오히려 첫 느낌이 직감이었음을 알 수 있는 척도가 되기도 합니다.

## 충동은 망설임과 함께 찾아오는 것

직감은 잠재의식으로부터 오는 메시지입니다. 때로는 '이 직감이 옳다고 생각했는데, 잘못 판단했어' 하고 자신의 결단이 틀렸다고 생각하더라도, 훗날 다시 돌이켜보면 '그때 그 판단이 옳았어'라고 생각하는 경우가 많습니다. 이 책의 마지막 부분에서도 자세히 썼지만, 직감이라고 생각했는데 실패했다 하더라도 그것 역시 예상한 범위 안의 것이므로 괜찮습니다.

그럼 다시 '충동'에 대해서 말씀드리죠. 충동구매를 할 때의 상황을 떠올려보세요. '아, 멋지다. 갖고 싶다'라는 감정과 함께 '아니, 지난번에도 비슷한 걸 샀는데, 참아야만 해……'라는 망설임이 찾아옵니다. 하지만 '그래도 갖고 싶다! 에잇, 사자' 하는 감정이 내면에서 고속으로 흘러갑니다. 어딘가 불안하거나 두려움이 들러붙어, '이래도 되는 걸까?' 하고 주저하면서도 아무 생각 없이 돌진해버리는 것이 충동입니다. 직감과 비슷한 것 같지만 다릅니다. 직감은 망설임이 따라오지 않습니다. 곧바로 행동하라는 'GO' 사인입니다.

### 이런 상황이라면?

영민 씨는 오늘 서점에서 친구를 기다리면서 책을 세 권 구매했다. 예전부터 읽어보고 싶었던 책들이었지만, 갑자기 들른 서점에서 돈을 많이 쓰고 나니 조금 후회되었다. 괜히 샀나 싶어 친구와 만나는 내내 신경이 쓰였다.

### 3초 직감력 발휘하기

— 책이 처음 눈에 띄었던 순간을 생각해보세요. 어떤 점이 끌렸나요?

— 잠재의식과 현재의식이 보내는 메시지를 구분할 수 있나요?

## "결혼할까? 말까?"
## 상대의 첫인상을 기억하라

'정말 이 사람과 결혼해도 될까?', '평생, 죽을 때까지 이 사람과 함께해도 될까?' 이러한 고민에 빠질 때 어떻게 해야 할까요? 인생에서 너무나도 중요한 선택이기 때문에 직감으로 판단하면 안 되는 걸까요?

결혼에 관한 직감은 맨 처음 그 사람을 어떻게 생각했는지가 중요합니다. 많은 사람들이 처음 만난 자리에서 '왠지 모르게 이 사람과 결혼할 것 같다'는 직감의 소리를 들었다고 말합니다. 처음 만났을 때는 별 생각이 없었는데 만날수록 좋은 감정이 생기고 '이 사람과는 계속 함께 있을 것 같다'고 느꼈다는 사람도 물론 있습니다.

## ⌇ 조건만 보는 결혼이 위험한 이유

결혼 상대의 조건에만 사로잡혀 있으면 직감의 소리를 듣기 힘듭니다. 이해득실을 따지다 보면 '모아둔 재산은 있을까?', '월급은 얼마나 될까?' 같은 현실적인 면만 의식하여 상대방의 인간성이나 가치관 같은 것은 무시해버릴 수도 있기 때문이죠. 특히 '배우자는 나를 행복하게 해줘야 한다'는 생각이 오히려 행복과는 멀어지게 만듭니다. 왜냐하면 결혼은 이타적인 마음이 필요한 일이기 때문입니다.

상대방의 조건에만 관심을 두다가, 조건이 마음에 든다는 이유만으로 사귀고, 프러포즈를 받고 나면 '정말 이래도 되는 걸까?' 하는 의구심이 생겨날 것입니다. 그것은 직감의 소리에 가깝습니다. 자신이 맨 처음, 상대방의 어떤 점에 끌렸는지를 생각해보세요. 당신이 현명한 결정을 하는 데 큰 도움이 될 것입니다.


## ◖ 현실적인 문제는 용감하게 직면하라

하지만 처음 만났을 때 '이 사람밖에 없다'고 생각하여 결혼 준비를 하는데 뒤늦게 '정말 이 사람으로 괜찮을까?' 하고 불안해지는 경우도 있습니다. 이것은 직감이라기보다 현재 의식이 작동한 결과입니다. 왜냐하면 가장 처음 느낀 감각이 직감이기 때문입니다. 결혼을 앞두고 우울해지거나, 미래에 대한 불안감이나, 환경이 변하는 것에 대한 두려움은 누구에게나 있는 감정이므로, '직감이 보내는 STOP 사인이다'라고 오인하지 않도록 하세요.

다만 한 가지 주의하세요. 사귀는 동안 처음에는 보이지 않았던 모습이 보이는 경우도 당연히 있습니다. 당신이 도저히 받아들일 수 없을 만한 사실이 발각되었을 때, 그것을 못 본 척한 채 돌진하지는 마세요. 그때도 역시 처음처럼 직감을 잘 이용해야 합니다.

### 이런 상황이라면?

수현 씨는 어제 3년 사귄 애인에게 프러포즈를 받았다. 일단 대답을 하기는 했는데 정말 이 사람과 결혼을 해도 될지 모르겠다. 자꾸만 불안하고 걱정스럽다.

### 3초 직감력 발휘하기

— 첫인상과 다른 상대방의 모습 때문에 불안한가요? 결혼 이후 달 라지는 삶이 두려운가요?

— 나쁜 직감과 막연한 불안함을 구분해보세요.

# 3 선택의 순간, 당신에게 필요한 한 가지 질문

세계적인 베스트셀러 『성공하는 사람들의 7가지 습관』의 저자 스티븐 코비는 이 책에서 획기적인 시간 관리법을 소개합니다. 바로 '시간 관리 매트릭스'를 통해 주어진 일을 정리하는 것입니다. 구체적으로 설명하자면 세로축 위와 아래에 각각 '중요함', '중요하지 않음'이라고 표시하고, 가로축 왼쪽과 오른쪽에 각각 '급함', '급하지 않음'이라고 표시한 뒤 일의 성격을 판단하고 우선순위를 결정하는 방법입니다. 시간 관리 매트릭스에 따르면 모든 일은 총 네 가지 영역으로 나뉩니다.

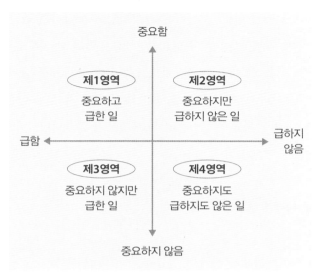

시간 관리 매트릭스

사람들은 대개 급한 일을 우선순위에 두는 경향이 있는데, 이 책에서는 제2영역에 있는, 급하지는 않지만 자신의 인생에서 중요한 것을 우선하라고 제안하고 있습니다. 바꿔 말하면, 꼭 '해야 하는 일'보다 '하고 싶은 일'을 인생에서 우선하라는 것입니다. 뭔가를 선택할 때도 직감이 잘 발휘되는 것은 하고 싶은 일을 할 때입니다.

'꼭 해야 한다'는 감각은 의식적인 부분에서의 판단이며, 계획, 계산 등이 필요한 것입니다. 한편 '하고 싶은 일'을 할 때는 무의식적으로 설정한 한계까지 뛰어넘습니다. 그래서 뭔가를 결정할 때 좋은지 싫은지에 따라 판단하면 원만히 처리되는 경우가 많습니다.

## 나에게 알맞은 선택을 하는 법

좋고 싫음은 지극히 직감적, 본능적인 것으로, 우뇌의 소리이자 잠재의식에서 나오는 소리입니다. 마치 어린아이를 대하는 것처럼 질문이 너무 단순하여 거부감이 들 수도 있습니다. 하지만 그렇게 생각할 필요는 전혀 없습니다. 그저 좋은 선택을 위해 직감의 소리를 듣는 것이기 때문입니다. 이런 선택법은 나에게 알맞은 인생을 만드는 데 아주 적합합니다.

우리는 자주 선택을 망설입니다. 예를 들면, 다음과 같은 상황에서 고민합니다.

- 회식에 참석할 것인가, 말 것인가?
- 이 상품을 살 것인가, 말 것인가?
- 이 사람과 사귈 것인가, 말 것인가?
- 이 사실을 상대방에게 전할 것인가, 말 것인가?

이때는 어린아이처럼 가슴이 두근거리는 감각에 맡겨 결정하는 편이 성공 확률도 높습니다. 만약 망설여지면 스스로 다음과 같이 물어보세요.

- 나는 회식에 참석하고 싶은가, 아닌가? 회식을 좋아하는가, 싫어하는가?
- 나는 이 상품을 갖고 싶은가, 아닌가? 그 상품을 좋아하는가, 싫어하는가?
- 나는 이 사람과 사귀고 싶은가, 아닌가? 그 사람이 좋은가, 싫은가?
- 나는 이 사실을 상대방에게 전하고 싶은가, 전하지 않아도 되는가?

이밖에도 여러 가지 질문이 있을 테지만, 이렇게 기

분 좋은 쪽을 선택하는 습관이 생기면 사는 게 꽤 단순해집니다. 우리는 가고 싶지 않은 곳에 억지로 가고, 생각지도 못한 마음에 없는 소리를 하고, 반대로 하고 싶은 말은 참아야 하고, 먹고 싶지 않은 것을 먹고, 먹고 싶은 것을 참아야 합니다. '좋아? 싫어?'로 변환하여 생각해보면 단순한 답이 나옵니다.

하지만 회사 조직에 있다 보면 자신의 기호만으로 선택할 수 없다고 말합니다. 이것 역시 고정관념입니다. 많은 사람들이 회사에서 무언가를 선택할 때 자신의 의사를 반영하기 어렵다고 합니다. 그러나 그러한 고정관념 때문에 자신이 한 모든 선택을 부정적으로 바라보는 경향이 있습니다. 만약 어떤 사람이 회식에 가야겠다고 결정했다면 그 사람은 가기 싫은 곳에 억지로 가는 것일까요? 그는 순간적으로 회식에 가서 얻을 수 있는 이득을 우선했기 때문에 '간다'는 선택을 한 것입니다.

예를 들어, 오해 때문에 서먹해진 직장 동료와 다시 친해질 수도 있고, 함께 일하고 싶은 과장님에게 의지를 표현하는 자리가 될 수 있다는 이유 때문에 가기로 결정한 것입니다. 이해관계를 따지기도 전에 '직감'이 결정한 것이죠.

이 경우 진짜 마음은 '가고 싶지 않다'가 아니라 '가고 싶다'인 것입니다. 직장 동료와 다시 친해지고 싶어서, 과장님과의 관계를 생각해서 '간다'를 선택한 것입니다. 그러므로 그 결정을 내린 후에 남들이 하는 생각을 따라 '가기 싫었는데 가고 말았네, 시간이 아까워'라고 생각하지 말아야 합니다. 그때의 생각과 감정으로 스스로 선택했다면 말입니다.

오늘부터라도 생활하면서 뭔가를 선택해야 할 때는 좋고, 싫음에 따라 결정해보세요. 직감이 더욱 깨어나는 것을 느낄 수 있을 것입니다.

Chapter 5

## "먼저 행동하는 사람이 이긴다!"

하루 5분
직감력 트레이닝

# 3 "만약에 내가"
## 다양한 상황 속에서 자문자답하기

무언가를 선택할 때 항상 누군가에게 물어보며 답을 구했던 사람에게 반드시 필요한 습관이 있습니다. 바로 자신의 마음속 깊은 곳에 물어보는 습관입니다. 요즘따라 자꾸만 잘못된 선택을 하는 것 같다면 먼저 자신에게 지금 어떤 감정인지 물어봐야 합니다. 단순히 지금 자신의 기분이 좋은지 나쁜지 질문하는 것부터 시작합니다. 이어서 자신이 품고 있는 문제에 대해 '만약 ……라면 어떻게 할까?'처럼 가정식으로 질문해보세요.

이를테면 '만약 내가 스티브 잡스라면 어떻게 할까?', '만약 내가 마법의 램프를 가지고 있다면 어떻게 할까?', '만약 마더 테레사라면 뭐라고 말할까?' 이처럼 상황을 가정하여 억지스러워도 좋으니 자신만의 답을 내보는 겁니다. 스티브 잡스든, 마법의 램프든, 마더 테레사든, 지금 답을 내놓는 것은 당신입니다. 정답은 없습니다.


## 직감의 한계를 설정하지 마라

직감이나 잠재의식의 메시지대로 움직인 결과 실패할 수도 있고, 처음에는 힘들었어도 긴 안목으로 봤을 때는 성공일 수도 있습니다. 모두가 당신을 위한 것들뿐입니다.

잠재의식은 거대한 원천입니다. 그것은 당신의 습관이나 셀프 이미지, 집단 무의식이기도 하며, 더 나아가 과거에 존재했던 인간들의 지식이나 지혜가 들어 있는 거대한 창고입니다. 따라서 훌륭한 사람이 주는 충고

보다 훨씬 더 뛰어난 답을 얻을 수 있습니다. 그런 만큼 기꺼이 활용하면 좋겠죠.

잠재의식의 소리가 들리지 않더라도 '들리지 않는다', '모르겠다', '어렵다'라고 말하지 마세요. 그렇게 말하는 순간 자신에게 한계를 설정해버리는 셈이 되고, 직감으로부터 오는 답을 알아챌 수 없게 됩니다.

## 🌙 만약 1억 원이 생기면 어디에 쓸까?

'만약 ……라면'을 사용한 또 하나의 트레이닝이 있습니다. '만약 1억 원이 생기면 어디에 사용할까?'라는 질문에 대한 답을 글로 써보는 것입니다. 이때, 규칙이 있습니다. 우선 타이머나 스톱워치, 노트, 펜을 준비해주세요. 그리고 3분 동안 사용처를 생각하여 전부 적어주세요.

저축, 자동차 구입 같은 것 말고 체험과 학습 위주로 생각해 적어주세요. 3분 안에 적지 못하면 게임은 끝이 나고 1억 원은 들어오지 않는다는 조건을 걸고, '좋아,

시작' 하고 진심으로 1억 원의 사용처를 생각해보세요.

3분이라는 시간을 설정한 것은 오래 생각할 시간이 있으면 현실적으로 사고하게 되어 창조적인 사고를 하지 못하기 때문입니다. 오히려 직감적으로 술술 나오는 대로 둘 때 답을 찾기 쉽습니다.

이것은 게임이므로 사고의 한계와 장벽을 없애고 즐겁게 적으면 됩니다. 잠재의식의 답은 느긋하게 천천히 생각했을 때보다 서두를 때 더 쉽게 튀어나옵니다. '빨리, 빨리, 빨리' 하고 서두르면, 현재의식은 멈추고 잠재의식의 문이 열려 '일단 답해야만 해' 하고 답을 찾기 때문에 발견한 답이 의외로 본질적일 때가 많습니다.

이를테면 뭔가 번뜩였을 때, '아니, 좀 더 좋은 생각이 있을 거야' 하고 생각했다 해도 돌고 돌아 최종적으로는 처음 답이 가장 좋았던 경험 다들 있을 겁니다. 성공하는 사람들이 행동이 빠른 이유는 무의식적으로 처음 떠오른 답이 최선이라고 판단하고 바로 행동으로 옮기기 때문입니다. 이것 역시 경험이 쌓이고 트레이닝을 거쳤기에 가능한 것입니다.

설령 1억 원이 들어오지 않더라도 노트에 적은 것은 언젠가 할 수 있는 일입니다. 실제로 3분 이내에 쓴 것 중에 1억 원이 들어오지 않더라도 할 수 있는 일은 몇 가지 정도였나요? 당장 할 수 있을 만한 것은 무엇인가요? 올해 안에 계획을 세우면 할 수 있을 만한 일, 3년 단위로 할 수 있을 만한 일이 있나요? 한번 체크해보세요.

이런 식으로 질문의 방식을 바꾸는 것만으로도 당신의 잠재의식 깊은 곳에서 진짜 답이 나옵니다. 질 좋은 질문은 질 좋은 인생을 만듭니다.

**WORK**

3분 동안 1억 원의 사용처를 노트에 적어보세요(저축이나 투자, 자동

차 구입 등은 제외).

## "그 사람이라면 어떻게 했을까?" 롤모델 가상 인터뷰

이제 누구나 쉽게 잠재의식의 답을 발견하는 방법을 알려드리겠습니다. 간단한 방법으로 당신이 살면서 직면하게 될 문제의 해결 방법과 최고의 조언을 누구에게도 의논하지 않고 스스로 이끌어낼 수 있을 것입니다.

우선 당신이 존경하거나 꼭 만나고 싶은 사람 세 명을 골라보세요. 이미 이 세상에 존재하지 않는 사람 또는 역사 속 인물이어도 상관없습니다. 그리고 만약 그 사람들을 만났을 때 묻고 싶은 것들을 정리해보세요. 하고 싶지만 주저하고 있는 것, 어떻게 하면 좋을지 알 수 없는 것 등 고민거리나 궁금한 것을 노트에 적어보세요.

상상해봅시다. 당신은 지금 가장 좋아하는 장소에서 그 사람과 차를 마시며 고민을 이야기하고 있습니다. 세 명에게 각각 다른 질문을 해도 좋고, 같은 질문을 해도 좋습니다. 당신이 존경하는 그 사람은 당신에게 어떤 충고를 할까요?

잠재의식의 저 깊은 곳은 모든 인간과 연결되어 있습니다. 당신이 존경하는 사람과도 연결되어 있습니다. 틀림없이 좋은 충고를 해줄 것입니다. 충고가 들렸을 때 '아니, 그건 어차피 내 생각이잖아'라고 생각하지 않아도 됩니다.

그것은 당신의 사고가 아니라 잠재의식 저 깊은 곳에 있는 예지의 답이기 때문입니다. 좋은 질문을 자신에게 던지는 습관만 있으면, 당신은 잠재의식이 주는 최고의 답을 수없이 얻을 수 있습니다.

"답은 내 안에 있다."

이것이 바로 코칭의 기본 이론입니다. 이 방법은 언제 어디서든, 아무런 도구가 없을 때도 할 수 있는 정말 좋은 방법입니다. 어렵게 생각하지 말고 놀이처럼 생각해보세요. 당신은 최고의 답을 얻는 방법을 손에 넣은 것입니다.

WORK

1. 당신이 존경하거나 만나고 싶은 사람 세 명을 적어보세요.

① ..........................................................................................

② ..........................................................................................

③ ..........................................................................................


2. 당신이 요즘 고민하고 있는 것을 세 명에게 전달해보세요.

① ..........................................................................................

② ..........................................................................................

③ ..........................................................................................

3. 그 답은 무엇인가요?

① ......................................................................................................

② ......................................................................................................

③ ......................................................................................................

## 3 "내가 다섯 살이라면?"
어린 아이의 눈으로 세상 보기

다음은 잠재의식의 소리를 알아채는 훈련입니다. 소리를 알아채기 어려울 때는 다섯 살 때로 돌아가보세요. 다섯 살 때 나라면 어떻게 생각할까? 다섯 살 때 나라면 무엇을 선택할까? 다섯 살 때 나라면 어떻게 생각하고, 어떻게 느끼며, 무엇을 할까?

어린아이는 무언가를 할 때, 내가 할 수 있는 일인지 판단하고 행동하지 않습니다. 일단 해봅니다. 사고에 제한이 없으므로 하고 싶다고 생각한 것은 성공할 확률도 높습니다.

3장에서 말씀드렸듯이 어린아이는 본능적으로 행동하기 때문에 잠재의식의 문이 열려 있습니다. 그러므로 어른은 생각지도 못하는 사고가 아이들에게는 샘솟듯이 솟아납니다.

성인도 훈련한다면 어린아이처럼 사고할 수 있습니다. 의식적으로 잠재의식의 문을 열고, 거기에서 오는 메시지를 쉽게 받아들여보세요. 아래 같은 상태일 때 현재의식은 거의 작동하지 않고 잠재의식의 문은 활짝 열립니다.

- 욕조 속에 들어가 있을 때
- 산책하고 있을 때
- 아침에 막 눈을 떴을 때
- 침대에 누워 깜빡 잠이 들기 시작했을 때
- 빨래를 널 때
- 서둘러 답을 찾으려고 할 때
- 몹시 취했을 때
- 명상하고 있을 때
- 멍하니 있을 때

이때 떠오르는 생각이나 감정을 의식해보세요. 만약 떠오른 생각이 지금 당장은 실현 불가능한 것이라 해도 '말도 안 돼!'라고 생각하지 마세요. 언젠가 반드시 할 수 있으니까 떠오른 것입니다. 그것을 믿는 게 중요합니다. 당신 내부에 없는 것은 생각으로 떠오르지도 않는 법입니다.

돈이 없어도, 기술이 없어도, 거기에 도달할 방법을 전혀 알지 못해도 이 세상에는 당신의 바람을 실현할 방법을 아는 사람이 차고 넘칩니다. 어디에서 어떻게 연결될지 모르는 일이죠. 잠재의식에서 나온 답은 운명이 보내는 사인입니다. 확실히 알아채도록 하세요.

**WORK**

다섯 살 때로 돌아가 생각해보세요. 무엇이든 할 수 있는 어른이 된

다면 무엇을 하고 싶은가요? 그리고 그 일들 가운데 지금 바로 할

수 있는 일이 있나요?

3초 직감력

# 3 "하루 5분 5감" 모든 감각에 집중하는 시간

오감과 직감은 서로 연결되어 있습니다. 오감은 시각, 청각, 후각, 촉각, 미각을 일컫는데, 육감이라고 불리는 직감은 오감이 작동하지 않는 상태에서는 작동하지 않습니다. 그러므로 직감을 단련하려면 오감을 단련해야 합니다. 방법은 간단합니다.

아름다운 것을 보고 감동하고, 꽃향기를 가슴 가득 들이마시며, 보들보들한 모포와 기분 좋은 반려동물의 털을 손으로 만지는 등 이런 아무것도 아닌 것처럼 보이는 일이 직감을 단련해주는 것들입니다. 여러 가지 방법 가운데 특히 손쉽게 할 수 있는 것이 있습니다.

가장 편한 자세로 주위 소리에 귀를 기울이는 것입니다. 너무 조용해서 아무 소리도 들리지 않는 환경에서도 가만히 집중해서 귀를 기울여보면 몇 가지 소리를 들을 수 있습니다. 저 역시 정말 조용한 환경에서 시도해보니 무려 여덟 가지 소리가 들리더군요.

이를테면 이런 소리들입니다. 컴퓨터 팬이 돌아가는 소리, 냉장고가 작동하는 소리, 거실 시계의 초침이 째깍째깍 움직이는 소리, 배 속에서 나는 '꾸륵꾸륵' 소리, '쩩쩩' 하는 작은 새의 지저귐, 멀리에서 '꺄하하' 하고 떠드는 어린아이의 소리, 오토바이 소리, 이불 두드리는 소리……. 이 소리들은 사실 의식하지 않으면 들리지 않는 소리입니다.

이어서 후각. 가장 편한 상태에서 느껴지는 냄새에 집중해보세요. 저는 처음 이 트레이닝을 시도했을 때, 제 머리카락에서 풍기는 샴푸 냄새를 깨달았고, 이어서 정원의 장미와 로즈마리 향, 그리고 클로버 향기를 맡았습니다. 실물이 눈앞에 없더라도 생각만으로 그 향기를 실제 맡고 있는 듯한 기분이 들었습니다.

하루 딱 5분만으로도 괜찮습니다. 소파에라도 앉아서, 편한 자세로 오감 훈련을 해보세요. 매일 계속하다 보면 직감 역시 저절로 단련될 것입니다.

어느 뇌 과학자가 '오감은 나에게 필요한 것을 알고 있다'고 말했습니다. 이를테면 '오랫동안 영화를 못 봐서 보고 싶다'고 생각했을 경우, 잠시 뇌의 시각 부위를 쓰지 못했기 때문에 그런 생각을 하게 된 것입니다. 따라서 이럴 경우 의식적으로 시각을 사용하면 좋습니다. 또한 백화점에 갔다가 스쳐 지나간 사람에게서 풍기는 아로마 향기를 맡았을 때 '아, 왠지 치유되는 향이다. 좀 더 맡고 싶다'고 생각했다면, 후각을 의식해서 사용해보세요. 인간의 몸은 오감을 균형 있게 사용하도록 만들어져 있기 때문에, 의식적으로 쓰다 보면 어떤 감각을 사용하지 않았는지 저절로 깨달을 수 있습니다.

일상생활에서 꽃향기를 맡거나, 눈으로 보며 즐기거나, 음악을 듣고 감동하거나, 피부에 닿는 좋은 감촉을 즐기거나, 조미료를 적게 넣어 원재료의 맛을 음미해보세요. 의식적으로 오감을 최대한 사용해보는 겁니다.

자연 속에 머무를 때 우리는 오감의 모든 것을 사용

하게 됩니다. 따라서 정기적으로 환경을 바꿔 자연의 주파수에 맞춰야 합니다. 그렇게 자신의 오감, 잠재의식을 평소에 잘 정비해두도록 하세요.

**WORK**

트레이닝을 시작하기 전 조용한 곳에서 편히 앉아 눈을 감고 심호흡을 반복해보세요.

◆ **시각 트레이닝**

눈꺼풀의 색은 무슨 색인가요? 눈을 감고 있지만 뭐가 보이나요?

3초 직감력

◆ **청각 트레이닝**

몇 종류의 소리가 들리나요?

............................................................................................

............................................................................................

............................................................................................

............................................................................................

............................................................................................

............................................................................................

◆ **후각 트레이닝**

지금 어떤 냄새가 나나요?

............................................................................................

............................................................................................

............................................................................................

............................................................................................

............................................................................................

............................................................................................

# **3** "상상은 곧 창조다" 미래의 자신에 대해 글쓰기

저는 매년 '미래 수첩'이라는 수첩을 출판하고 있습니다. 그 안에는 '10년 후의 내가 보내는 편지'라는 페이지가 있습니다. 이 페이지는 10년 후 미래의 자신이, 현재 자신에게 격려와 충고를 적는 곳입니다. 저는 그곳에 자세하게 그 해에 이뤄야 할 것을 적었습니다. 그리고 일 년 후에 편지를 읽어보니 모두 다 이루어져 있었습니다.

돌이켜보았을 때 의외로 처음부터 이렇게 될 것을 알고 있었던 것 같은 느낌이 들 때가 많습니다. 그것은 괴로운 경험도 마찬가지입니다.

예를 들어 이혼을 해서 괴로워하는 사람이 있습니다. 이혼은 그 사람에게 청천벽력 같은 일이었을지도 모릅니다. 하지만 그 사람에게 '당신이 가장 처음 이혼을 생각한 건 언제였나요?'라고 묻는다면 그는 '아뇨, 그런 생각은 해본 적 없어요' 하고 대답할 것입니다.

하지만 시간이 흐른 뒤 다시 한 번 같은 질문을 해보면 이혼이 청천벽력 같았다고 말한 사람도 처음 이혼을 생각한 게 결혼한 지 3년 후였다고, 한참 오래 전에 '이 사람과 이혼하면 어떨까?' 하고 생각한 적이 있었다고 대답할 겁니다. 직감이나 잠재의식을 통해 답을 이미 알고 있었던 것입니다.

이 사례를 빌려, 제가 지금의 라이프스타일을 생각한 것은 언제였는지 돌이켜보면 지금으로부터 20년도 더 지난 때입니다. 지금은 현실이 됐지만 이렇게 되리라는 것을 직감적으로 알고 있었던 겁니다. 지금 생각하는 것은 언젠가 현실이 될 가능성이 있습니다. 상상하는 것은 창조하는 것입니다. 미래를 위한 마지막 작업을 해봅시다.

미래의 당신에게 앞으로 무슨 일이 일어날 것 같습니까? '이렇게 될 것 같다'고 직감적으로 생각한 것을 적어보세요.

## 나는 내가 행복해지는
## 선택만 한다

직감적인 판단에 대해 마지막으로 전하고 싶은 말이 있습니다. 이 말을 함으로써 제가 지금까지 말한 모든 것이 뒤집힐 가능성도 있지만 꼭 하고 싶습니다.

누구나 이런 경험을 한 적이 있을 겁니다. 직감의 판단이라고 생각했는데 틀렸던 경험 말이죠. 하지만 그것은 틀리지 않았습니다. 모든 일은 점으로 존재하는 것이 아니라 선으로 연결됩니다. 그때의 결과만 놓고 보면 실수나 실패 같았던 선택도 긴 인생의 선상에서 보면 반드시 필요했던 경험인 경우가 있습니다.

그럼 무엇이 옳고 무엇이 틀린 것일까요? 사실 어떤 것에도 정답은 없습니다. 오로지 관찰자인 자신의 인지와 판단만 존재할 뿐입니다. 당신이 어떤 사고방식을 갖고 있는지에 따라 천국이 지옥이 되기도 하고 지옥이 천국이 되기도 하는 것입니다.

자신의 내부에서 작동하는 직감으로 선택한 일이 터무니없는 결과를 초래했다 해도, 그 일 역시 당신이 결정한 시나리오대로 살기 위해 거쳐야 할 단계 중 하나일지 모릅니다. 모두가 평탄한 인생은 아닐 테니, 직감을 잘 알아채는 사람이라도 절대 실패하지 않는 것은 아닙니다. 모든 인생에는 산도 있고, 골짜기도 있으며, 거기서 굴렀다가 다시 일어나기도 하고, 또 엎어지기도 합니다. 그러므로 무엇을 선택하든 당신의 결정은 틀린 것이 아닙니다.


**행운을 놓쳤더라도 행복은 선택할 수 있다**

인간은 모든 일을 극단으로 생각하는 경향이 있습니다. 부자가 좋고 가난뱅이는 싫다, 행복은 좋고 불행은 싫다, 성공은 좋고 실패는 나쁘다 등등 극과 극으로 생각하죠. 애초에 좋고 나쁜 일은 정해져 있지 않습니다. 어떤 일이든 소중한 교훈을 얻고 지혜로 삼을 수 있습니다. 성공의 이면을 배우기 위해 직감이 실패를 선택했을 가능성도 있습니다.

이를테면 한 남자가 직감으로 어떤 일을 선택했는데 터무니없이 바쁘고 힘든 직종입니다. 그는 '왜 이 일을 골랐을까?' 하고 생각합니다. 하지만 직장에서 훗날 배우자가 될 사람을 만납니다. 그는 이 일을 선택하길 잘했다고 생각합니다. 하지만 신혼일 때는 행복하고 좋았는데 아이가 태어나자 아이에게만 신경 쓰느라 부부 사이가 점점 멀어지고 싸움만 하는 나날이 계속됩니다. 그에게 결혼은 잘못된 선택이었을까요? 그는 일이 너무 바빠 스트레스도 많이 받고 면역력이 저하되어 병에 걸렸습니다. 그에게 이 일은 잘못된 선택이었을까요?

하지만 그는 병에 걸린 것을 계기로 여태껏 간과했던 가족의 사랑을 깨달았으며, 가족과 더 많은 시간을 보내기 시작했고, 그전보다 더 행복한 삶을 보내다가 죽었습니다. 결국 병이 원인이 되어 죽었지만 죽어버렸기 때문에 그 일을 선택한 것은 잘못된 선택이었을 까요?

잘못된 선택이 아닙니다. 즉, 자신의 직감을 믿고 선택한다는 것은 그렇게 해야 절대 실패하지 않기 때문이 아닙니다. 자신에게 필요한 것을 스스로 선택하고, 성공과 실패의 데이터를 차곡차곡 쌓아나가는 것이 중요합니다. 제가 궁극적으로 하고 싶은 말은 실패하지 않기 위해서가 아니라 인생을 제대로 배워나가기 위해서 직감과 잠재의식을 잘 활용해보자는 것입니다. 성공, 기쁨뿐 아니라 실패, 고통, 괴로움 같은 것들에게서도 배울 게 있습니다. 직감이 올 때는 이런 것이 모두 함께 올 수 있다고 생각해보세요.

잠재의식은 심층부인 집단 무의식이라는 곳으로 연결되어 있다는 사실을 말씀드렸습니다. 스스로 선택한 것은 무의식 속에서는 이미 다 예상했던 것이므로 성장하기 위한 과정을 즐기면 됩니다. 그러니 직감으로 선택한 것 중에 곧바로 성공을 얻을 수 없는 경우가 있더라도 초조해하지 마세요. 행복은 당신이 삶을 바라보는 시선과 해석에 달려 있습니다.

### 직감으로 선택하고 나를 위해 판단하라

저도 젊었을 때는 제가 한 선택들을 자주 후회했습니다. '그때 다른 선택을 했더라면 이렇게 살지 않았을 텐데', '그때 다른 선택을 했더라면 실패하지 않았을 텐데' 하며 억울해했습니다. 당신도 살면서 이런 후회를 여러 번 했을지 모릅니다. 하지만 무엇을 선택하든 결과는 같았을 거란 걸 이제는 압니다. 부정적으로 해석할지, 긍정적으로 해석할지, 오직 당신의 판단만 존재합니다.

이제 저는 전혀 후회하지 않습니다. 그때 그 선택이 없었다면 지금의 저는 어디에도 존재하지 않을 테니까요. 직감이 어긋났다고 생각했어도 나중에 더 넓고 높은 시점에서 관찰했을 때, 그 잘못된 듯 보이던 결정이야말로 가장 중요한 선택이었다는 것도 알 수 있었습니다.

지금 생각하면 어린 시절 아픈 기억들 덕분에 더 많은 사람을 이해할 수 있었고, 정말 울며불며 이사했지만 이사한 덕분에 지금의 환경을 얻을 수 있었고, 힘들었던 시간 덕분에 이렇게 소중한 사람들과 만날 수 있었습니다. 그 모든 것에 감사합니다.

하지만 자신의 결정이 초래한 소용돌이 속에 있을 땐 긍정적으로 생각하기가 굉장히 어렵습니다. 그럴 때는 그저 소용돌이에서 빠져나오기만을 기다려야 합니다. 하늘에 그 문제를 던져놓고, 자신은 그저 강의 흐름에 몸을 맡기듯, 자연스럽게 솟구치는 감정을 맛보도록 하세요.

꽁꽁 자신을 묶고 있는 감정을 받아들이다 보면 마음이 해방되는 순간이 찾아옵니다. 그때 비로소 인생을 즐길 수 있는 것입니다. 직감으로 선택한 일이 실패가 될지, 아니면 훗날 도움이 되어 성공을 위한 경험이 될지는 이제 당신이 어떻게 해석하느냐에 달렸습니다.

2019년 6월

와타나베 가오루

# 수억 년의 무의식이 만든
# 3초의 직감

생각해보면 사실 무의식은 온갖 경험의 집합체이다. 문 밖으로 나섰을 때 무의식적으로 왼쪽보다 오른쪽으로 향한다거나, 왼쪽에서 시작해 오른쪽으로 글을 읽어나가는 습관, 맨 오른쪽에 있는 것에 더 친근감을 갖는다는 실험 결과 등만 봐도 우리의 무의식은 생활과 문화 곳곳에 도사리고 있다. 즉 무의식은 문명과 인류가 수억 년 동안 쌓아온 경험의 집합체일지 모른다.

그런데 과연 그럴까? 내가 무의식적으로 어떤 일을 하거나 저질렀을 때, 과연 많은 사람들이 거기에 동감

하고 동의해줄지 생각해보자. 무의식이 인류가 쌓아온 경험의 집합체라면, 많은 사람들의 마음 근저에는 무의식적인 어떤 행동에 대한 이해 역시 자리 잡고 있을 것이 아닌가.

내가 아니라 '무의식'이 저지른 짓?

다시 한 번 생각해보자. 내가 무의식적으로 저지른 '행동'은 종종 무의식적으로 저지른 '짓'으로 표현된다. 무의식적인 행동 자체에 부정적인 뉘앙스가 포함되어 있는 것이다. 과장되거나 과도한 일례일 수도 있으나, 범죄에 대한 심신 미약 주장도 이러한 범주에 속한다. 나도 모르게 술에 취해 제정신이 아닌 상태에서, 무의식적으로 저지른 '짓'이니 용서해달라는 식이다. 백 보 양보하면 법률적으로 심신 미약 상태를 인정하는 것이 무의식이 인류의 공통된 경험의 집합체라는 전제를 뒷받침하는 증거로 볼 수 있겠다.

하지만 과연 무의식은 이처럼 부정적인 것일까? 개인의 고유한 의식의 한 분류로 무의식을 파악할 수는 없을까? 이 책은 표면적으로 결정 스트레스에 시달리는 현대인을 위해 집필한 책이다. 왜 나는 결정하지 못하는가? 왜 내 결정은 이리도 불안한가? 이러한 질문에 방점이 찍히는 부분은 '나의 결정'이라는 대목이다. 결정은 '나'에게로 국한되며, 이 우유부단함의 주체는 철저히 '나'로 한정되어야 하지만 나도 모르게 결정을 해버렸을 때, 결정의 불안함으로부터 도피하고 싶을 때, 나는 우리의 무의식을 호출해낸다. 무의식적으로 그렇게 결정해버렸다고, 그러니 잘못한 건 무의식이라고. 저자는 이처럼 자꾸만 부정적으로 소환되는 무의식의 명예 회복을 위해 '직감'이라는 카드를 들고 나온다.

### 직감의 명예 회복을 위하여

과학적으로 우리의 의식은 빙산의 일각에 불과하고, 밑동은 사실 무의식이라고 한다. 하지만 나는 그 방대한 무의식을 그야말로 하수처리장쯤으로 여겼다. 그러나 무의식에서 튀어나오는 감각인 직감은 무의식과는 반대의 뉘앙스를 풍긴다. '직감력'이라니, 왠지 샤프하다. 무의식적이라는 말은 두루뭉술하지만 직감은 훨씬 직선적이고 명확한 분위기를 띤다. 저자는 직감이야말

로 우리에게 가장 필요한 답을 갖고 있다고 말한다. 직
감에 날개를 달아준 격이다. 문제는 그 직감이 아무리
샤프하고 직선적이고 명확하다 해도 정작 나는 그것이
직감인지 무의식인지, 똥인지 된장인지 구분하지 못하
는 것이 문제다. 그렇다면 직감이 직감인지 그저 무의
식인지 알아채려면? 당연히 이 책을 보면 알 수 있다.
그리고 방법 또한 너무 간단하다.

### 가장 자연적인 감각으로 돌아가자

하지만 다시 생각해보면 이 책의 모두에서 무의식을
먼저 거론한 데는 이와 같은 저자의 주장을 뒷받침하기
위한 고도의 계산이 자리하고 있을지 모른다. 책을 보
라. 책은 인류의 유산이다. 모든 간접 경험이 책에 들어
있다. 그리고 그 경험은 무의식적으로 우리 내부에 자
리를 잡고 직감으로 변해 우리를 옳은 방향, 옳은 결정
으로 이끌어준다. 설령 잘못된 결정이었더라도 그것을
의심하지 않는다면 훗날 보상받게 되어 있다. 왠지 교
조적인 느낌마저 주지만 저자는 내심 이런 주장을 하
고 싶었던 것 같다. 점점 물화되어 가는 사회 속에서,

무궁무진하게 개발할 여지를 안고 있는 무의식, 그를 변호하며 우리가 흔히 육감이라고 부르는 직감을 더욱 단련하는 것. 그것은 어쩌면 아날로그로 돌아가자는, 혹은 자연으로 돌아가자는 루소나 노자의 생각과 닿아 있을지도 모르겠다.

2020년 1월

김해용

## 와타나베 가오루 ワタナベ薫

20대부터 60대까지 폭넓은 연령층의 지지를 받고 있는 멘탈 코치이자 WJ프로덕트의 대표 이사이다. 건강, 비즈니스, 철학 등 다양한 주제로 매년 전국에서 세미나와 코칭 모임을 열어 자기계발에 힘쓰는 많은 이들과 고민을 나누고 있다. 오프라인뿐 아니라 15년째 운영 중인 블로그를 통해서도 사람들과 적극적으로 소통하는 그는 자정마다 꼬박꼬박 칼럼을 업로드하는 성실한 칼럼니스트이기도 하다. 그의 칼럼을 보기 위해 하루 평균 3만 명 이상이 그의 블로그를 방문하며, 매월 200만이 넘는 페이지뷰를 자랑한다.

『3초 직감력(원제: 인생이 바뀐다! 직감 단련법 人生が変わる!「直感」の磨き方)』은 그가 강연과 칼럼에서 가장 중점적으로 다루는 주제인 잠재의식에 대해 정리한 책이다. 특히 그는 잠재의식의 밑바닥에서 솟아오른 메시지인 '직감'이야말로 인생을 살아가는 데 가장 중요한 판단 재료라고 말한다. 이 책을 비롯하여 『삶의 질을 높이는 12가지 습관』, 『사는 것이 편해지는 감정 정리 수업』 등 수많은 저서가 주목받았으며, 그가 출간한 책은 총 누적 판매 부수 91만 부를 달성했다.

## 김해용

거의 무의식적으로 경희대 국문과를 졸업하고 무의식적으로 출판 편집자 생활을 하다가 직감적으로 번역의 세계에 뛰어들어 나도 모르는 새 『AX』, 『버라이어티』, 『나오미와 가나코』, 『브레이브 스토리』, 『퍼펙트 블루』 등의 일본 소설과 『나는 왜 혼자가 편할까』, 『좋아하는 것을 돈으로 바꾸는 법』 등의 자기계발서를 번역, 문득 의식하고 보니 무의식도 직감이고 직감 또한 내 삶의 한 조각이었구나 싶다.

1판 1쇄 인쇄 | 2020년 3월 6일
1판 1쇄 발행 | 2020년 3월 13일

지은이 | 와타나베 가오루
옮긴이 | 김해용
발행인 | 김태웅
기획편집 | 박지호, 이주영
외부기획 | 민혜진
디자인 | design PIN
마케팅 총괄 | 나재승
마케팅 | 서재욱, 김귀찬, 오승수, 조경현, 양수아, 김성준
온라인 마케팅 | 김철영, 임은희, 김지식
인터넷 관리 | 김상규
제 작 | 현대순
총 무 | 김진영, 안서현, 최여진, 강아담
관 리 | 김훈희, 이국희, 김승훈, 최국호

발행처 | (주)동양북스
등 록 | 제2014-000055호
주 소 | 서울시 마포구 동교로22길 14 (04030)
구입 문의 | 전화 (02)337-1737 팩스 (02)334-6624
내용 문의 | 전화 (02)337-1739 이메일 dymg98@naver.com

ISBN 979-11-5768-600-1 03190

이 도서의 국립중앙도서관 출판예정도서목록(CIP)은
서지정보유통지원시스템 홈페이지(http://seoji.nl.go.kr)와
국가자료종합목록 구축시스템(http://kolis-net.nl.go.kr)에서 이용하실 수 있습니다.
(CIP제어번호: CIP2020007017)